UTB

Eine Arbeitsgemeinschaft der Verlage

Böhlau Verlag · Wien · Köln · Weimar
Verlag Barbara Budrich · Opladen · Farmington Hills
facultas.wuv · Wien
Wilhelm Fink · München
A. Francke Verlag · Tübingen und Basel
Haupt Verlag · Bern · Stuttgart · Wien
Julius Klinkhardt Verlagsbuchhandlung · Bad Heilbrunn
Mohr Siebeck · Tübingen
Nomos Verlagsgesellschaft · Baden-Baden
Orell Füssli Verlag · Zürich
Ernst Reinhardt Verlag · München · Basel
Ferdinand Schöningh · Paderborn · München · Wien · Zürich
Eugen Ulmer Verlag · Stuttgart
UVK Verlagsgesellschaft · Konstanz, mit UVK/Lucius · München
Vandenhoeck & Ruprecht · Göttingen
vdf Hochschulverlag AG an der ETH Zürich

Uni Tipps

herausgegeben von Helga Esselborn-Krumbiegel

In der Reihe sind bisher erschienen:

H. Esselborn-Krumbiegel:	*Richtig wissenschaftlich schreiben*
M. Herrmann u.a.:	*Schlüsselkompetenz Argumentation*
A. Limburg/S. Otten:	*Schreiben in den Wirtschaftswissenschaften*
C. Mix:	*Schreiben im Jurastudium*
E. Püschel:	*Selbstmanagement und Zeitplanung*
K. Schindler:	*Klausur, Protokoll, Essay*

Kirsten Schindler

Klausur, Protokoll, Essay

Kleine Texte optimal verfassen

Ferdinand Schöningh

Die Autorin:

Dr. Kirsten Schindler, Studium der Geschichtswissenschaft, Romanistik und Wirtschaftswissenschaften in Bielefeld, Köln und Rouen (Frankreich). Promotion in Linguistik, Lehrtätigkeiten an den Universitäten Bielefeld, Bayreuth, der RWTH Aachen und der Universität zu Köln. Seit 2008 Studienrätin im Hochschuldienst am Institut für Deutsche Sprache und Literatur II der Universität zu Köln. Publikationen zum akademischen, kreativen und berufsbezogenen Schreiben.

Kontakt: http://www.uni-koeln.de/phil-fak/deutsch/lehrende/schindler/

Online-Angebote oder elektronische Ausgaben sind erhältlich unter **www.utb-shop.de**

Bibliografische Information der Deutschen Nationalbibliothek

Die Deutsche Nationalbibliothek verzeichnet diese Publikation in der Deutschen Nationalbibliografie; detaillierte bibliografische Daten sind im Internet über http://dnb.d-nb.de abrufbar.

Printed in Germany.
Herstellung: Ferdinand Schöningh, Paderborn
Einbandgestaltung: Atelier Reichert, Stuttgart

UTB-Band-Nr: 3476
ISBN: 978-3-8252-3476-8

Inhalt

1 Schreiben und Textsorten im Studium

Im Studium wird *viel* geschrieben und es wird *vieles* geschrieben. Die Auseinandersetzung mit dem Studienfach, seinen Inhalten, Modellen und Methoden ist begleitet von einem intensiven Umgang mit (Fach-)Texten; lesend und auch schreibend. Oft ist unklar, was das Schreiben genau bedeutet. Was heißt es, wenn man aufgefordert wird, für das Referat in der nächsten Woche noch ein Thesenpapier fertig zu stellen? Was meint der Dozent damit, wenn als einziger Kommentar unter einem Essay steht: „Das ist noch kein Essay"? Was unterscheidet die Klausur im Studium von den Klausuren in der Oberstufe?

Der vorliegende Band beschäftigt sich mit akademischen Textsorten, ihren Formen, Funktionen, aber auch den Anforderungen, die sie ans Schreiben stellen. Es geht um solche Texte, die Sie im Zusammenhang mit Ihrer Hochschulausbildung anfertigen müssen, die aber meist ein Schattendasein fristen: Die Dozenten geben wenig Vorgaben, in gängigen Ratgebern werden diese Texte kaum diskutiert und den Schreibern sind sie bei aller Unkenntnis oft nur lästig. Diese kleinen Texte wie die Mitschrift, das Exzerpt, das Protokoll, das Thesenpapier, der Essay, die Klausur, der Praktikumsbericht, das Portfolio und das Exposee übernehmen aber wichtige Funktionen für Ihr eigenes Lernen, für den wissenschaftlichen Austausch in der Gruppe und Ihre akademische Entwicklung. Sich mit solchen Textsorten auseinanderzusetzen bedeutet, wichtige Lern- und Schreibressourcen auszuschöpfen und Ihren Studienverlauf und auch Ihr Studienergebnis positiv zu steuern.

In diesem Band werden neun Textsorten diskutiert. Den Anfang machen die Mitschrift und das Exzerpt. Beide Textsorten sind *schreiberbezogen*. In der Regel werden Sie diese Texte keinem anderen zu lesen geben. Trotz der damit verbundenen Freiheit in der Gestaltung, ist es sinnvoll, die Umsetzung ernst zu nehmen und sich an bestimmten Formen zu orientieren. Das Protokoll, das Thesenpapier, der Essay und die Klausur sind hingegen *leserbezogen*. Sie dienen dem Austausch in wissenschaftlichen Diskursen. Das bedeutet auch, dass sie ihrer Funktion entsprechend gestaltet werden. Wenngleich auch Praktikumsbericht, Portfolio und Exposee echte Leser haben, so sollen sie doch vor allem die eigene Lernentwicklung unterstützen bzw. dokumentieren; sie sind also *lernerbezogen*. Dieser Bezug zum Lernen drückt sich in bestimmten Formulierungsanforderungen ab. Die Unterscheidung zwischen Schreiber-, Leser- und lernerbezogenen Texten wird im Band aufgegriffen und schlägt sich in der Reihenfolge der Kapitel nieder.

Im Band wird für jede der neun Textsorten ein vierstufiges Vorgehen vorgeschlagen. Ausgangspunkt bildet die Darstellung der **Formen und Funktionen** der jeweiligen Textsorte. Davon ausgehend werden die wichtigsten **Mittel zur (sprachlichen) Gestaltung** vorgestellt und erläutert. Die Analyse **authentischer Beispieltexte** schließt sich an, bevor in einfachen Übungen **das Verfassen** der jeweiligen Textsorte angeleitet wird.

Fast immer habe ich mich dazu entschieden, Beispieltexte komplett abzudrucken, sie nicht zu kürzen oder zu verändern; die Autorennamen wurden allerdings getilgt. Diese zuweilen langen Beispiele appellieren möglicherweise an Ihre Geduld, geben aber einen echten Eindruck von den Anforderungen und den Möglichkeiten der Umsetzung.

Akademische Textsorten in dem oben beschriebenen vierstufigen Verfahren vorzustellen und mit authentischen Texten zu arbeiten, zielt darauf, Ihnen ein Verständnis der jeweiligen Textsorte zu ermöglichen, das jenseits von Musterlösungen liegt und Sie befähigt, echte **Anwendungskompetenz** aufzubauen.

Danken möchte ich Dr. Sandra Handl (Institut für Englische Philologie, Department für Anglistik und Amerikanistik, LMU München), Dr. Angelika Mielke (Institut für Deutsche Sprache und Literatur I, Universität zu Köln) und Dr. Gesine Boesken (Institut für Deutsche Sprache und Literatur II, Universität zu Köln) für die Textbeispiele, die ich verwenden durfte. Mein Dank geht an die Studierenden der Seminare „Textlinguistik" (WS 2009-2010), „Domänen- und disziplinenbezogenes Schreiben" (WS 2010/2011) und „Orthographie" (WS 2010/2011), die viele Beispiele beigesteuert und ihre Perspektive eingebracht haben. Dank an Hanna Wimmers, die sich ausführlich mit dem Exzerpt beschäftigt hat. Dank an Andreas Barnieske für die kritische Lektüre des Gesamttextes. Dank an Gordon Decker für die Hilfe bei technischen Fragen. Herzlichen Dank an Dr. Helga Esselborn-Krumbiegel für die zahlreichen Rückmeldungen und an Dr. Diethard Sawicki für die gute Zusammenarbeit.

2 Die Mitschrift

Mitschreiben gilt nicht nur als häufigste studentische Schreibaktivität und als typisch für das akademische Schreiben, das Mitschreiben gilt trotz seiner Alltäglichkeit als schwierig. Denn die Mitschrift dient dazu, einen mündlich präsentierten, möglicherweise durch Medien unterstützten Vortrag, in der Regel eine Vorlesung oder ein Seminar, zu dokumentieren. Das erfordert rezeptive (Zuhören und Verstehen), kognitive (Auswählen von Inhalten, Strukturieren der Inhalte) und produktive (Versprachlichen) Prozesse, die zum Teil versetzt, zum Teil gleichzeitig erfolgen müssen. Mitgeschrieben wird in allen Fächern. Nach einer Studie von Steets (2003) geben 98% aller Hochschullehrenden an, dass in ihren Veranstaltungen mitgeschrieben wird und zwar unabhängig von der fachlichen Disziplin und auch unabhängig davon, ob ein Skript zur Verfügung steht oder nicht.

2.1 Formen und Funktionen

Die Mitschrift lässt sich als ein **‚Zwischentext'** begreifen. Die Mitschrift basiert auf einem mündlich präsentierten Vortrag (Vorlesung) oder Diskurs (Seminar) und fasst diesen allgemein oder unter einer spezifischen Zielsetzung/Fragestellung schriftlich (!) zusammen. Die Mitschrift wird häufig weiterverarbeitet und mit Blick auf Funktion und Adressat korrigiert oder spezifiziert: Die Mitschrift wird zu einem Protokoll (siehe Kapitel 4), das für andere Kommilitonen verständlich sein soll, oder zu einem Text, der zum eigenen Lernen (beispielsweise für eine mündliche Prüfung) herangezogen wird. Informationen aus einer Mitschrift können auch in Klausuren oder Seminararbeiten einfließen.

Eine Mitschrift kann auch unmittelbar als **Gedächtnisstütze** dienen, um sich aktiv in der Veranstaltung zu beteiligen. Dann wird es beim Mitschreiben darum gehen, strittige Fragen und Aspekte zu notieren.

Der Verwendungszweck hat Auswirkungen auf das Mitschreiben. Geht es bei der Mitschrift darum, Informationen nur für eigene Zwecke zu dokumentieren, dann kann die Mitschrift einerseits selektiv sein – also verschiedene Informationen aussparen – sie kann andererseits über den Vortrag oder Diskurs hinausgehen und um eigene Ideen ergänzt werden; kurz gesagt: Die Mitschrift ist subjektiv. Soll die Mitschrift aber zur Grundlage eines Protokolls werden, dann muss der Vortrag bzw. Diskurs möglichst genau beispielsweise mit Blick auf die Struktur oder die inhaltlichen Schwerpunkte abgebildet sein: Die Mitschrift versucht also möglichst objektiv zu sein.

Tipp

>> Bereiten Sie sich auf das Mitschreiben vor. Klären Sie für sich, warum Sie mitschreiben und was Sie mitschreiben wollen. Müssen Sie am Ende des Semesters eine Klausur schreiben? Dann empfiehlt es sich, Ihre Mitschrift möglichst objektiv anzulegen. Suchen Sie ein Thema oder Anregungen für eine Hausarbeit, dann kann die Mitschrift subjektiv sein.

Wenn Sie eine Vorlesung mitschreiben, dann ist es inzwischen üblich, dass die Lehrenden ihren Vortrag als Skript oder als Folien elektronisch zur Verfügung stellen; auch zur Nachbereitung. Wenn diese Materialien bereits vorab verfügbar sind, dann können Sie diese zur Vorbereitung auf das Mitschreiben nutzen, in dem Sie sich bereits mit den Inhalten vertraut machen. Sie können sie auch fürs Mitschreiben nutzen, in dem Sie die Materialien nur noch ergänzen. Allerdings kann diese von Lehrenden häufig gut gemeinte Unterstützung auch kontraproduktiv sein, dann nämlich, wenn Folien/Skript vom Gesagten abweichen – beispielsweise auch komplexe Inhalte visualisieren – und die Zuhörenden auch noch eine zusätzliche Informationsquelle rezipieren und mit dem Gehörten vergleichen müssen.

Übung

Vergleichen Sie einmal Ihr Vorgehen, wenn Sie während des Mitschreibens ein Skript nutzen oder darauf verzichten. Wie fühlen Sie sich in der Situation selbst? Wie sieht Ihre Mitschrift aus? Wie effektiv – glauben Sie – ist Ihre Mitschrift?

Möglicherweise merken Sie, dass Sie auf das Skript zunächst verzichten und es erst bei der Überarbeitung heranziehen wollen. Es ist aber auch denkbar, dass das Skript eine Entlastung darstellt und Ihnen mehr Sicherheit gibt.

2.2 (Sprachliche) Gestaltung

Die Mitschrift entsteht ad hoc, in einer Situation, in der ein Vortrag (Vorlesung) oder Diskurs (Seminar) stattfindet. Zum Mitschreiben werden nur sehr selten Pausen eingeräumt. Während Sie also schriftlich etwas notieren gehen Vortrag oder Diskurs weiter. Das gesprochene Wort ist zudem deutlich schneller als das geschriebene. Selbst wenn Sie wollten, könnten Sie also – außer Sie sind geübter Stenograf – nicht alles mitschreiben. Ihre eigene Textproduktion (Mitschreiben) wird also immer wieder von der Rezeption des Gehörten unterbrochen. Um gleichzeitig zuzuhören und mitschreiben zu können, haben sich bestimmte **Strategien** bewährt.

2.2.1 Aktives Zuhören

Bereiten Sie sich vor, indem Sie sich vorab noch einmal vergegenwärtigen, was beispielsweise in der letzten Sitzung wichtig war und was heute Thema sein soll oder – falls es die erste Sitzung ist – was Inhalt und Ziel der Lehrveranstaltung ist (Seminarkommentar lesen). Hören Sie zu und versuchen Sie zunächst den Gedanken nachzuvollziehen, bevor Sie etwas aufschreiben. Warten Sie auf Pausen oder andere Gliederungssignale (zum Beispiel: Zusammenfassend ...; Zunächst ...). Versuchen Sie – bereits in der Situation selbst – zu erkennen, was wichtiger und was weniger wichtig ist. Schlüsselbegriffe wie „zentral", „besondere Bedeutung", „relevant", „einschlägig" verweisen auf solche vom Dozenten als wichtig hervorgehobene Aspekte.

>> **Tipp**
>
> Beim Mitschreiben sollten Sie nicht unnötig auf Grammatik und Rechtschreibung achten. Beides lässt sich in der Überarbeitung korrigieren.

2.2.2 Ökonomisches Schreiben

Kürzen Sie, wann immer es möglich und sinnvoll ist, Begriffe ab, z.B.:

L(iteratur) – für Hinweise zur Literatur
A(utor) – für alle Namen von Autoren
T(hese) – für alle Informationen, die als These zu werten sind
F(rage) – für alles, was Ihnen selbst noch unklar ist
M(odell) – immer dann, wenn ein Modell genannt wird

D(efinition) – dann, wenn ein Gegenstand klar umrissen wird.

Nutzen Sie auch Abkürzungen, die Ihnen der Rechtschreib-Duden (Duden Band 1) anbietet, wie beispielsweise allg. (allgemein), bes. (besonders), Bez. (Bezeichnung), dt. (deutsch), Ggs. (Gegensatz), hist. (historisch), jmd. (jemand), m. (männlich), o. Ä. (oder Ähnliches), Präp. (Präposition), r. (rechter, rechte, rechtes), u.a. (unter anderem), vgl. (vergleiche). Damit stellen Sie auch sicher, dass Sie Ihre Abkürzungen auch später noch verstehen bzw. Ihre Mitschrift anderen verständlich ist. Nicht abkürzen sollten Sie (Autoren-)Namen und (Fach-)Begriffe; insbesondere, wenn Ihnen die Namen und Begriffe noch unvertraut sind. Die Gefahr ist zu groß, dass diese Abkürzungen bei späterer Rezeption nicht mehr richtig entschlüsselt werden können. Begriffe, die Sie nicht kennen, sollten Sie unmittelbar aufschreiben und nach der Veranstaltung nachschlagen.

Tipp

Um komplexe Zusammenhänge deutlich zu machen, die aufwändig zu verschriftlichen sind, eignen sich Symbole aus der Mathematik (< oder > = à) oder auch Satzzeichen (!, ?) (siehe auch Kapitel Exzerpt).

Es ist nicht sinnvoll, komplexe Sätze zu formulieren. In der Regel werden Stichworte ausreichen. Dies gilt allerdings nicht für Definitionen, die wortwörtlich notiert werden sollten.

2.2.3 Strukturiertes Schreiben

Versuchen Sie, Ihre Mitschrift formal und inhaltlich vorzustrukturieren. Zum einen entlastet Sie diese Struktur beim Mitschreiben. Sie tappen gar nicht erst in die Falle alles wortwörtlich und chronologisch zu notieren. Zum anderen kann die Mitschrift so auch besser weiterverarbeitet werden.

Papier und Papierformat: Es ist sinnvoll, das Papier nur einseitig zu beschreiben und loses Papier zu nehmen. Das ermöglicht Ihnen eine vergleichsweise unkomplizierte Weiterverarbeitung, z.B. das Kopieren, Abheften u. ä. Am besten eignet sich das Format Din-A4, es ist groß genug, um es sinnvoll aufzuteilen, es ist gleichzeitig noch handlich.

Zeilenabstand und Rand: Lassen Sie zwischen den Zeilen und auch am Rand noch Platz. Das erleichtert Ihnen, wichtige Aspekte in der Situation oder auch später noch nachzutragen. Sie sollten den Rand auch einplanen, um das Blatt heften zu können.

Einteilung: Legen Sie eine Kopfzeile an, auf der Sie Veranstaltung und Datum notieren, idealerweise auch die Seitenzahl der Mitschrift. All dies ermöglicht Ihnen auch noch eine spätere Zuordnung. In der Mitte ist Platz für die inhaltlich wichtigen Aspekte, die Definitionen, Modelle, Tabellen und Beispiele. Die Fußzeile (oder das letzte Drittel des Blattes) ist reserviert für Kommentare, Fragen, weitere Literaturangaben, aber auch Ihre Ideen.

Thema: Vorträge oder Diskurse haben ein Thema, das wiederum in einzelne thematische Blöcke unterteilt ist. Es ist sinnvoll, diese Einheiten durch Überschriften oder Nummerierungen (Gliederungspunkte) abzubilden. Häufig wird einem diese Arbeit durch den Dozenten auch schon abgenommen. Falls die Dozentin mit Folien arbeitet, werden die Überschriften auch schon vorformuliert sein.

2.2.4 Visualisierung

Als eine weitere Mitschreibetechnik kann das Visualisieren der Inhalte, beispielsweise in Form eines Clusters dienen. Ein Cluster lässt sich als Gedankenbündel um einen Ausgangspunkt beschreiben. Es wird häufig genutzt, um Assoziationen zu einem Thema zu entwickeln und erste Verknüpfungen zwischen solchen Assoziationen zu unterstützen. Anders als das Cluster ordnet und strukturiert das Mind-Map die Inhalte systematisch, es kann auch als Vorübung für eine Gliederung dienen. Es gibt eine ganze Reihe elektronischer Programme, die Sie beim Erstellen von Mind-Maps unterstützen, einige von diesen Programmen sind kostenlos.

Sollten die Inhalte stark vorstrukturiert sein, wie es bei einem Dozentenvortrag (in Seminar oder Vorlesung) zu erwarten ist, dann bietet sich ein Mind-Map an, werden aber eher assoziativ und unsystematisch Ideen gesammelt, wie beispielsweise bei der gemeinsamen Erarbeitung von Inhalten, dann könnten Sie auf das Cluster zurückgreifen.

2.2.5 Überarbeiten und/oder Abschreiben

Soll die Mitschrift eine echte Funktion entfalten und vielleicht auch noch Semester später für eine Prüfung herangezogen werden können, dann ist es sinnvoll, die Mitschrift schnell, am besten unmittelbar nach der Veranstaltung, zu überarbeiten; denn nur nach einer kurzen Zeit ist Ihr Gedächtniseindruck noch so frisch, dass Sie Leerstellen auffüllen können, verknappte Inhalte wieder in einen Kontext rücken, Fragen klären etc. Aufwändiger ist, die Mitschrift noch einmal in Gänze abzutippen und damit gleichzeitig zu ergänzen, zu korrigieren und in ein entsprechendes Format zu überführen. Ein solcher Zeitaufwand muss daher genau kalkuliert werden.

2.3 Beispiele

Das folgende Beispiel einer Mitschrift (die noch einmal abgetippt, ansonsten aber nicht verändert wurde) zeigt, wie mit einzelnen Markierungen eine deutliche Sitzungsstruktur abgebildet wird. Die Autorin verwendet vor allem komplexere Stichwörter, die ihr erlauben, auch im Nachhinein noch Zusammenhänge herzustellen.

Annika Lauer
Mitschrift vom 22.10.2010

Schreib(prozess)forschung

– USA wichtig, schon lange Auseinandersetzung mit Schreiben (19. Jahrhundert)
> Entstehung erster Lehrstühle an Universitäten
> Erste Bildungsstandards für wissenschaftliches Schreiben für Studierende („Harvard Model of Freshman Writing")

Darauf folgte Institutionalisierung **(1. Phase)**: weg vom Produkt und hin zum Prozess des Schreibens
– Entstehung von Institutionen / Konferenzen

Forschung und Konsolidierung **(2. Phase)**
– Konferenz 1966 „Teaching of English": Große der Schreibforschungsszene treffen sich, bahnbrechende Vorträge
– viele Forschungen
> Wie entwickeln sich bestimmte Fähigkeiten beim Schreiben?
> Wie kann Unterstützung aufgebaut werden?
– „National Writing Project" (1974)

Medienöffentlichkeit, Wende, Kreatives Schreiben **(3. Phase)**
- Zeitungsartikel erscheint: Vorurteil: „Niemand kann mehr schreiben." (Pisa Schock in den USA)
- Schreiben bzw. Schreibprozessforschung gewinnt neue Wertigkeit und Wichtigkeit
- Es wird deutlich, dass Anforderungen beim Schreiben gestiegen sind
- Forschungen: Förderprogramme – fördern und diagnostizieren

> Laut-Denk Protokolle
- Aufkommen des Kreativen Schreibens
- Entstehung des Urmodells der Schreibforschung / des Schreibprozesses

Soziale und mediale Kontexte **(4. Phase)**
- Vorher kognitive Fragen bezüglich einzelner Schreiber, nun Kontextbezug

> Schreiben ist in soziale Umgebung eingebunden
- Große Veränderungen in Bezug auf Schreibwerkzeuge: Computer, Tastatur usw.

> Einfluss des Schreibwerkzeuges auf das Schreiben

Erkennung von sozialer und kultureller Heterogenität auch beim Schreiben **(5. Phase)**
- Was macht der Schreiber selbst auf das Schreiben eines Textes aus?

> Schreiber selbst gerät in den Blick
- Zeitschriften werden elektronisch: höhere Zugänglichkeit, Schlagworte suchbar, Sprache anhören
- Neue Untersuchungsmethoden: „Eye-Tracking"
- Forschung verschränkt sich, weil Auflösung von Länder- und Sprachgrenzen

Heute: Aktuelleres und komplexeres Modell zum Schreibprozess: Einfluss Medien und spezifisches Wissen ist höher

Textproduktionsforschung

Deutscher Weg: Zusammenhang zum Schreiben in der Schule wurde hergestellt, schulischer Bezug

> Frage: Mit welchen Textsorten sollten Schüler eigentlich konfrontiert werden und was sollen sie daraus lernen?
> Entwicklung: Didaktisierung, Ansätze, wie Schreiben vermittelt werden soll
- Ebenso wird über das akademische Schreiben und das berufliche Schreiben nachgedacht: Wie schreiben Ingenieure?
- Insgesamt: Textsorten-Progression: Steigerung der Anforderung von der Textsorte her

Schreibmethoden

- Wie kann man Schreiben, bzw. Schreibprozesse untersuchen?

> Laut-Denk-Protokolle
> Kooperatives Schreiben
> Manuskriptforschung

– Tabelle: Schreibmethoden, die eine Person während des Schreibens und nach dem Schreiben anwendet
> Schreiben in der Gruppe: Wichtig: Schreiben ist auch immer Beziehungsarbeit

2.4 Mitschreiben lernen – Schritt für Schritt

Mitschreiben kann man lernen und beim Mitschreiben kann man lernen. Letzteres bedeutet, dass durch das gezielte Notieren immer auch eine gedankliche Auseinandersetzung mit dem Gesagten stattfindet. Die anschließende Übung soll Sie noch einmal für die beschriebenen Hinweise sensibilisieren; idealerweise führen Sie diese Übung in einer kleinen Gruppe durch. Diese Übung ist in der Konzentriertheit und Dichte der Informationen keine typische Mitschreibesituation. Die Schwierigkeiten des Mitschreibens wie auch die sinnvolle Unterstützung lassen sich dennoch gerade deswegen daran gut trainieren.

Schritt 1: Vorbereitung
Stellen Sie sich vor: Eine deutsche Freundin, die im Ausland lebt und keinen Zugang zu Nachrichten hat, bittet Sie, ihr einen kurzen Überblick dazu zu geben, was in der Welt passiert. Als Quelle für Ihren Überblick nutzen Sie die Tagesschau. Öffnen Sie die Webseite der Tagesschau: http://www.tagesschau.de. Dort finden Sie ein Serviceangebot fürs Netz, die Tagesschau in 100 Sekunden. Bevor Sie aber Ihre Videoplayer starten, überlegen Sie, was Sie erwarten wird. Bereiten Sie auch die entsprechenden Materialien vor: Schreibwerkzeuge, evtl. ein bereits vorbereitetes, formal strukturiertes Papier. Klären Sie für sich, ob Sie Ton- und Bildspur oder nur die Tonspur wahrnehmen wollen.

Schritt 2: Mitschreiben
Starten Sie nun die Wiedergabe und hören Sie Sinnabschnitt für Sinnabschnitt zu und machen sich immer erst am Ende die entsprechenden Notizen. Notieren Sie nur Stichworte, benutzen Sie ggf. Abkürzungen, greifen Sie die Überschriften auf, die jeweils die neue Nachricht einleiten. Lassen Sie genug Platz (Zeilenabstand, Rand) für spätere Korrekturen. Sie werden merken, dass 100 Sekunden einerseits sehr kurz sind und Sie Schwierigkeiten haben, alle Informationen nachzuhalten, dass sich ande-

rerseits in 100 Sekunden eine Vielzahl von Informationen vermitteln lässt. Ggf. können Sie die Darstellung auch zwischendrin anhalten. Allerdings schaffen Sie damit eine Situation, die Sie im echten Leben auch nicht herstellen können – die Vorlesung oder den Diskurs zu unterbrechen, damit Sie mitschreiben können.

Schritt 3: Überprüfung
Lesen Sie Ihre Mitschrift durch. Ergänzen Sie Aspekte, die Sie nicht sofort mitschreiben konnten. Es bietet sich also an auf dem Papier genügend Freiraum einzuplanen. Klären Sie nun, was verständlich ist und wo Sie überarbeiten ggf. korrigieren müssten. Klären Sie auch, was Ihnen unklar geblieben ist. Möglicherweise kennen Sie einzelne Begriffe oder Namen nicht, Sie könnten sie jetzt recherchieren.

Schritt 4: Feedback
Tauschen Sie Ihre Mitschriften aus und lassen Sie sich Feedback geben. Sind Sie zu ähnlichen Mitschriften gekommen? Wie und warum unterscheiden sich Ihre Texte? Arbeiten Sie hier zunächst an inhaltlichen Fragen, die unklar sind, gehen Sie erst dann auf die Texte ein.

Schritt 5: Wiederholung
Hören/sehen Sie jetzt noch einmal den Ausgangsimpuls und wenn notwendig ergänzen bzw. korrigieren Sie Ihren Text.

Schritt 6: Zusammenfassung
Schreiben Sie nun auf der Grundlage Ihrer Mitschrift, der Diskussion in Ihrer Gruppe und dem Hör-/Seheindruck eine kurze Zusammenfassung für Ihre Freundin.
Am Ende der Übung bietet sich noch einmal der Austausch in der Gruppe an. Welche Schwierigkeiten konnten Sie beobachten? Welche Lösungsstrategien haben sich bewährt? Da die Übung in relativ kurzer Zeit durchzuführen ist, lässt sie sich auch mit wenig Aufwand wiederholen.

Zusammenfassung

Mitschreiben ist etwas, das man lernen muss. Einmal gelernt, ist es eine Tätigkeit, die sich in verschiedenen beruflichen Zusammenhängen gut anwenden lässt, als Telefonnotiz, als Konferenzmitschrift, als Gesprächsnotiz. Lernen muss man, sich gleichzeitig auf mehrere Aufgaben zu konzentrieren (zuhören, auswählen, notieren), wobei jede dieser Aufgaben schon anspruchsvoll ist, z.B. auswählen: Welche Aspekte sind wichtig, welche weniger wichtig? Es hilft, sich mit Kommilitonen auszutauschen und die Mitschriften zu vergleichen. Es hilft auch, Literatur zu rezipieren, die im Vorlesungs- oder Seminarzusammenhang wichtig ist. Es hilft schließlich vor allem mitzuschreiben. Denn nur über die Praxis des Mitschreibens können eigene Strategien und Routinen entstehen.

3 Das Exzerpt

Was ist ein Exzerpt? Studierende und nicht nur Studienanfängerinnen sind häufig ratlos, wenn sie den Begriff Exzerpt hören. Da nützt es auch wenig, den lateinischen Ursprung zu kennen (excerpere – herauspflücken) oder zu wissen, dass es sich beim Exzerpt um eine ganz typische Textsorte des Studienalltags handelt. Hilfreicher für das Verständnis sind Ausdrücke wie „Zusammenfassung" oder „Inhaltsangabe", die, wenngleich nicht ganz passend, zumindest an Textsorten erinnern, wie sie in der Schule praktiziert werden. Also, was genau ist ein Exzerpt? Das Exzerpt greift auf einen Ausgangstext zurück, den es zusammenfasst und nachvollzieht (Textrezeption). Damit bereitet das Exzerpt in der Regel auch einen zu entstehenden Text oder Vortrag vor (Textproduktion). Noch etwas genauer lässt sich das Exzerpt definieren als eine sekundäre, textverarbeitende Textsorte, die einen Primärtext (Ausgangstext), hier einen wissenschaftlichen Text mit einer argumentativen Grundstruktur, komprimiert, nachvollzieht, im Forschungskontext verortet und für einen späteren Zeitpunkt verfügbar macht.

3.1 Formen und Funktionen

Grundlegend werden zwei Formen von Exzerpten unterschieden: das **objekt-orientierte Exzerpt** und das **subjekt-orientierte Exzerpt**. Wenn Sie einen Text beispielsweise für eine Klausur exzerpieren, dann wird es vor allem darum gehen, die Inhalte möglichst genau zusammenzufassen, die zentralen Definitionen wortwörtlich zu notieren und die wichtigsten Begriffe zu vermerken. Beim Exzerpieren geht es dann um eine möglichst gute Abbildung des ‚Objektes', des Ausgangstextes. Bei subjekt-orientierten Exzerpten geht es stärker um Ihre Lese- und Frageinteressen an den Text: Sie benötigen beispielsweise den Text, um eine Position in Ihrer Seminararbeit zu bestätigen, Sie wollen unterschiedlichen Begriffsverwendungen, die Sie in einem Referat vergleichen wollen, auf die Spur kommen, Sie wollen den zu exzerpierenden Text als ungeeignet entlarven. Das Exzerpt ist in diesen Fällen notwendigerweise selektiv, es bedient aber Ihre Bedürfnisse.

Das Exzerpieren kann fünf Funktionen übernehmen, je nach Form des Exzerpts, werden diese unterschiedlich stark gewichtet: die **Zusammenfassung**, der **Nachvollzug der Argumentation**, die **Positionierung im Forschungskontext**, die **Verfügbarkeit**, das **Verstehen**.

3.1.1 Zusammenfassung

Mit einem Exzerpt wird ein Primärtext, ein Ausgangstext, so zusammengefasst, dass der Text quantitativ reduziert wird; ungefähr auf ca. 1/10 seines ursprünglichen Umfangs. Eine solche quantitative Reduktion soll aber nicht mit einem Qualitätsverlust verwechselt werden. Es geht im Exzerpt immer darum, die wichtigsten Aussagen des Textes wiederzugeben und den Text in seinen zentralen Überlegungen zusammenzufassen. Das ist manchmal eine nicht ganz einfache Formulierungsaufgabe.

3.1.2 Argumentation

Mit einem Exzerpt soll die Argumentation des Ausgangstextes nachvollzogen werden. Was nimmt der Autor als Ausgangspunkt an? Welche Fragen stellt er? Was ist die Zielsetzung seiner Überlegungen? Wo sind seine Thesen versteckt? Welche Belege gibt er? In einigen Fällen kann das Exzerpt helfen, die Argumentation eines Textes als nicht schlüssig zu entlarven. Wahrscheinlicher ist, dass das Exzerpt dazu dient, die Argumentation zu verstehen und typische Argumentationsmuster zu erkennen.

Tipp

>> Argumentationsmuster zu erkennen ist nicht nur eine wichtige rezeptive Fähigkeit und hilft Ihnen, Fachtexte besser und schneller zu lesen, Sie können diese Muster auch für Ihre eigene Textproduktion nutzen.

3.1.3 Forschungskontext

Das Exzerpt soll verdeutlichen, in welchem Forschungskontext der Text platziert ist. Wissenschaftliche Texte stehen in einem andauernden Diskurs. Autorinnen von wissenschaftlichen Publikationen verweisen auf bereits bestehende Forschungsergebnisse, setzen sich von Überlegungen anderer ab, identifizieren sich als Anhängerinnen einer bestimmten Konzeption, übernehmen eine Position in einer wissenschaftlichen Kontroverse etc. In den Fußnoten, dem Literaturverzeichnis, aber auch im laufenden Text können Sie erkennen, worauf die Autorin zurückgreift und wie sie sich selber in dem Diskurszusammenhang platziert: Welche Texte werden zitiert (welche gerade nicht) und wie werden diese Texte bewertet (als relevant, wichtig oder als überholt und unwissenschaftlich)? Welche Begriffe benutzt die Autorin, benutzt sie beispielsweise den englischen Begriff oder die deutsche Übersetzung, benutzt sie einen Begriff, der eindeutig definiert ist, oder gibt sie eine neue Definition?

Tipp

>> Hilfreich für die Einschätzung eines Textes können auch der Zeitpunkt der Veröffentlichung (wie aktuell?), die Art der Veröffentlichung (z.B. Beitrag in einer Zeitschrift) und der Veröffentlichungsort (Verlag, Internet) sein.

Den Forschungszusammenhang zu erkennen und im Exzerpt zu vermerken, wird immer dann wichtig, wenn Sie mehr als einen Text zu einem Thema exzerpieren und versuchen, Zusammenhänge zwischen mehreren Texten herzustellen. Je mehr Sie sich in ein Thema einarbeiten, desto eher können Sie die Positionen nachvollziehen.

3.1.4 Verfügbarkeit

Das Exzerpt entlastet Ihr Gedächtnis, da Überlegungen, die einem beim Lesen eines Textes auffallen, aufgeschrieben und somit für einen späteren Zeitraum dokumentiert werden. Möglicherweise gehen Sie, wie viele andere auch, davon aus, dass Unterstreichungen im kopierten Text oder ein bis zwei Stichwörter am Rand ausreichend sind und Sie sich an relevante Überlegungen erinnern. Das gilt sicherlich auch für die ersten Stunden, möglicherweise auch noch ersten Tage nach der Lektüre. Das gilt aber nicht mehr, wenn zwischen der Lektüre des Textes und seiner Weiterverarbeitung, beispielsweise zur Vorbereitung eines Referates oder zum Lernen für eine Klausur, mehr als ein paar Tage, möglicherweise Wochen (beim Lernen für das Examen sogar Semester) verstrichen sind und Sie inzwischen noch mehr Texte zum Thema gelesen haben. Es zeigt sich dann, dass Sie sich an vieles nicht mehr erinnern können und den Text häufig von vorne lesen müssen. Direkt zu exzerpieren bedeutet also nicht mehr Arbeit, sondern nur Arbeit, die Sie am Anfang investieren müssen. Wenn Sie ein Exzerpt elektronisch anlegen, dann können Sie es auch durchsuchen, verschlagworten und sortieren. Das Exzerpt kann dann in einen längeren Text eingefügt werden und wird zur unmittelbaren Vorarbeit für Seminar-, Bachelor- und/oder Masterarbeiten.

Tipp

Ein wichtiges Instrument zur Verwaltung solcher elektronischen Exzerpte sind **Literaturdatenbanken**. In Literaturdatenbanken können Sie die Literatur aufnehmen, die Sie gelesen haben, Sie können sie bibliographieren (also Autor, Titel, Erscheinungsort und Erscheinungsjahr), ein Exzerpt anlegen etc. Wenngleich Sie all dies natürlich auch in einem normalen Textverarbeitungsprogramm oder auf Karteikarten tun können, erlaubt Ihnen eine Literaturdatenbank auch das Verwalten Ihrer Einträge. Sie können beispielsweise nach Autoren suchen, sehen, welche anderen Texte Sie von einem Autor schon gelesen haben. Sie können die Texte aber auch nach Aktualität sortieren. In den Texten selbst können Sie nach bestimmten Stichwörtern / Schlagwörtern suchen und so Zusammenhänge zwischen Texten herstellen. Texte, die Sie elektronisch zur Verfügung haben, können Sie mit den Einträgen verknüpfen – beispielsweise direkt auf Literaturstellen springen. Die meisten Literaturdatenbanken erlauben auch eine automatische Generierung des Literaturverzeichnisses. Mit einigen Literaturdatenbanken können Sie auch Texte im Web suchen, die dann automatisch in Ihrer Literaturdatenbank erscheinen. Eine ganze Vielzahl von Literaturdatenbanken ist kostenlos erhältlich oder Sie können sich zumindest eine Demoversion herunterladen. Die Datenbanken unterscheiden sich in der Regel weniger in Ihren Grundfunktionen als in der Kompatibilität mit bestimmten anderen elektronischen Werkzeugen. Beispiele sind visual composer (http://visualcomposer.net) oder auch Citavi (http://www.citavi.com).

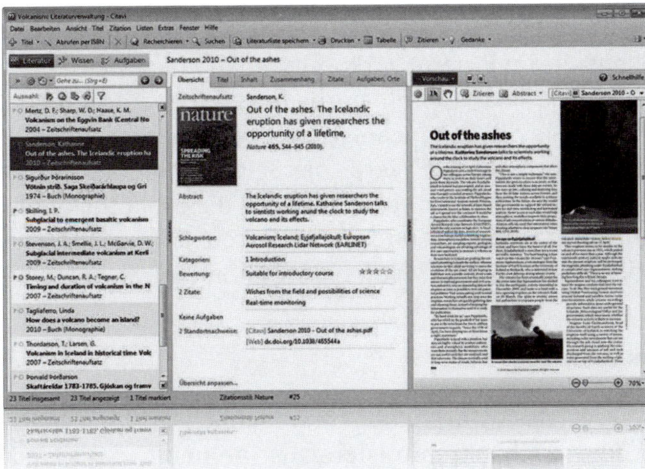

Abb.: Literaturdatenbank Citavi

3.1.5 Das Verstehen

Das Exzerpt zwingt Sie zur sorgfältigen Lektüre des Textes von Anfang an. Im Aufschreiben erkennen Sie, ob Sie den Ausgangstext verstanden haben. Das Exzerpieren hilft also auch immer, das eigene Verständnis zu überprüfen. Zugleich schafft es Schreib- und Formulierungspraxis.

3.2 (Sprachliche) Gestaltung

Im Exzerpt finden Sie vor allem vier Typen sprachlicher Mittel: das Zitat, die Paraphrase, die Kritik und den Kommentar.

3.2.1 Das Zitat

Mit einem Zitat werden Wörter oder längere Passagen aus dem Ausgangstext wortgetreu wiedergegeben. Das gilt selbst für Rechtschreibfehler. Mit einem (sic!) machen Sie deutlich, dass der Fehler nicht Ihrer eigenen Ungenauigkeit geschuldet ist, sondern sich im Originaltext befand und Sie ihn auch als solchen erkannt haben. Wichtig bei einem Zitat sind die genaue bibliographische Angabe und die Seitenzahl. Damit wird dem Leser ermöglicht, das Zitat wiederaufzufinden und auch in seinem Kontext nachzuvollziehen.

Tipp

Nicht alle im Exzerpt vorkommenden Zitate werden später auch für eigene Texte (Seminararbeiten etc.) übernommen. Dennoch sollten Sie die Seitenzahl immer mitnotieren. Nichts ist ärgerlicher, als wenn im Exzerpt die Seitenzahl fehlt, das exzerpierte Buch längst wieder seinen Weg in die Bibliothek gefunden hat und ausgeliehen ist und Sie die Seitenzahl nun nicht mehr nachvollziehen und ggf. deswegen das Zitat nicht nutzen können.

3.2.2 Die Paraphrase

Die Paraphrase ist das wohl wichtigste sprachliche Mittel des Exzerpts. Mit Paraphrase oder auch paraphrasieren ist gemeint, dass Gedanken des Ausgangstextes in eigenen Worten wiedergegeben werden (para = dazu, neben; frasein = reden, sagen). Stilistisch sollte sich die Paraphrase, anders als der Kommentar oder die Kritik, an der Wissenschaftssprache orientieren und möglichst neutral formuliert sein. Häufig wird die Paraphrase auch mit dem sinngemäßen Zitieren (auch indirekte Wiedergabe) gleichgesetzt. Die Unterschiede sind fließend. Während das sinngemäße Zitieren noch enger am Ausgangstext ist, kann die Paraphrase über die Wiedergabe auch eine Interpretation des Ausgangstextes liefern. Unklarheit besteht häufig darüber, in welcher Form, Modus und Tempus, der Text wiedergegeben wird und ob – wie beim Zitat – Seitenzahlen angegeben werden müssen. Es gibt drei Möglichkeiten, Forschungsbeiträge zu paraphrasieren und auf den Ausgangstext zu verweisen:

- Die Aussage wird im **Konjunktiv** wiedergegeben: *Bräuer führt an, dass mit steigendem Fernsehkonsum auch die Lesezeiten und entsprechend auch die Lesekompetenzen abnehmen würden.* In der Regel wird hier der Konjunktiv I verwendet. Kann der Konjunktiv I aber mit dem Indikativ verwechselt werden, dann kann auch der Konjunktiv II genutzt werden.
- Die Aussage wird im **Indikativ** angegeben, der Autor wird zu Anfang genannt: *Bräuer beschreibt im Anschluss vier Fälle, in denen steigender Fernsehkonsum die beschriebenen Auswirkungen (sinkende Lesezeiten, fallende Lesekompetenzen) hat. Im Fall A, der dreizehnjährigen Nadja, haben die Fernsehzeiten alle anderen sozialen Aktivitäten ersetzt. Nadja hat auch ihre Mahlzeiten vor dem Fernseher eingenommen.*
- Bei mehreren, kürzeren Aussagen, z.B. zum Referieren eines Ergebnisses, einer Forschungsaussage oder einer Definition, kann die Nennung

des Autors zu Beginn auch entfallen, der **Indikativ** wird auch hier gewählt: *Bei Kindern stellt Fernsehen nach wie vor die häufigste Freizeitbeschäftigung dar (KIM-Studie 2006).*

Insgesamt gilt, dass der Konjunktiv zwar richtig ist, oftmals aber etwas bemüht wirkt und gerade bei längeren Passagen sowohl für die Leserin als auch für die Schreiberin anstrengend ist. Sie können den Konjunktiv aber auch sehr bewusst einsetzen, um sich von den wiedergegebenen Inhalten zu distanzieren.

Die Wiedergabe der Forschungsliteratur geschieht in der Regel im **Präsens**. Der Autor macht damit deutlich, dass selbst wenn der Text vor einer gewissen Zeit veröffentlicht ist, die im Text dargestellte Position Teil des aktuellen Diskurses ist und auch so behandelt werden kann. Nur, wenn Sie Bezug auf die Forschungsgeschichte nehmen, nutzen Sie die Vergangenheit (**Imperfekt/Präteritum**). Einzelne Disziplinen haben hier eigene Traditionen: In den Naturwissenschaften, der Medizin und der Psychologie ist es üblich, auch bei der Wiedergabe von Ergebnissen aus konkreten Studien, die Vergangenheit zu benutzen. Ergebnisse und Definitionen werden aber auch hier im Präsens wiedergegeben.

Während Sie beim Zitat gezwungen sind die **Seitenzahl** anzugeben, ist dies bei indirekt wiedergegebenen Quellen nicht immer notwendig. Ob Sie die Seitenzahl nennen müssen, hängt davon ab, wie eng Sie am Text arbeiten. Sollten Sie beispielsweise eine Definition wiedergeben und sich damit auf eine konkrete Stelle (Seite) beziehen, dann ist die Seitenangabe notwendig, auch, um dem Leser den Nachvollzug zu ermöglichen. Sollten Sie allerdings auf eine generelle Aussage des Buches verweisen, die sich auch wenig auf eine Seite reduzieren lässt, dann sind Sie nur dazu verpflichtet, das Buch selbst anzugeben, nicht aber die Seite.

3.2.3 Die Kritik

Ein Exzerpt lässt sich nicht nur dafür nutzen, den Ausgangstext wiederzugeben, Sie können es auch verwenden, um sich grundlegender mit dem Text auseinanderzusetzen. Das wird zudem eine sinnvolle Vorarbeit für alle weiteren Schritte sein, z.B. die Diskussion der Literatur in einem Kapitel zum Forschungsstand o.a. Für die Kritik können Sie sich u.a. solche Fragen stellen: Sind die im Text genannten Überlegungen überzeugend? Entsprechen Sie meinem Verständnis und meinem Wissenstand? Ist der

Text überhaupt noch aktuell? Wie stichhaltig erscheint mir die Argumentation? Mit der Kritik ist die Würdigung des Textes gemeint. Die Kritik eines Textes wird je leichter fallen, je besser Sie sich in dem Forschungsumfeld auskennen. Anders gesagt: Dass Sie zu Beginn der Auseinandersetzung noch nicht viel zu kritisieren haben, sollte Sie nicht erstaunen oder beunruhigen. Erst mit der weiteren thematischen Auseinandersetzung werden Ihnen mögliche Widersprüche oder Unklarheiten auffallen. Sie sollten sich aber ruhig schon zu Beginn Ihres Studiums trauen, wissenschaftliche Texte zu kritisieren. Denn nicht nur, weil ein Text gedruckt ist, muss er stichhaltig sein. Die Kritik ist immer auch ein Motor, um weitere Auseinandersetzungen anzuregen.

3.2.4 Der Kommentar

Vielleicht wollen Sie im Exzerpt vermerken, dass Sie einen Begriff noch einmal nachschlagen müssen oder dass Sie sich eine Tabelle aus dem zu exzerpierenden Buch kopieren wollen? Vielleicht möchten Sie aber auch nur notieren, dass Sie das Buch ganz toll fanden. Denkbar ist auch, dass Sie sich den Bibliotheksstandort aufschreiben, falls Sie das Buch später noch einmal suchen wollen. Alles das, was Sie quasi als Notiz an sich selbst schreiben, lässt sich als Kommentar begreifen. Ein Kommentar hat also nur Sie selbst als Leserin. Ein Kommentar kann auch schnell nicht mehr aktuell sein. Es kann aber gerade auch interessant sein, wie sich Ihre Einschätzung verändern wird. Der Kommentar wird so zu einem Art Leseprotokoll.

Die Qualität, in diesem Fall der bestmögliche Nutzen eines Exzerpts, wird vor allem an seiner Übersichtlichkeit gemessen. Übersichtlichkeit können Sie herstellen über unterschiedliche **Schriftarten** oder **Farben** sowie **Abkürzungen**, **Symbole** und **Zeichen**.

3.2.5 Schriftarten

Damit Sie Zitate und Paraphrasen, Kritik und Kommentare auch später noch auseinander halten können, ist es sinnvoll, diese im Exzerpt entsprechend darzustellen; beispielsweise über unterschiedliche Schriftarten, Farben, Markierungen (Unterstreichungen, Fettdruck...) u. a. Der Rechner gibt Ihnen hier unzählige Möglichkeiten. Wichtig ist aber: Das Exzerpt sollte übersichtlich bleiben und Ihnen eine schnelle Lektüre erlauben. Die

Markierungen sollten so eindeutig sein, dass es zu keinen Verwechslungen kommt und Sie nicht erst eine komplizierte Legende, Liste mit Bedeutungen, anlegen und immer wieder zu Rate ziehen müssen. Weniger ist also mehr!

Tipp

>> Den größten Umfang werden im Exzerpt Passagen einnehmen, in denen Sie den Text mit eigenen Worten wiedergeben (Paraphrasen), es wird also sinnvoll sein, dieses sprachliche Mittel in einer möglichst neutralen und gut lesbaren Form umzusetzen. Sie werden im Anschluss ein Beispiel finden, in dem mit diesen Markierungen relativ sparsam, aber dennoch eindeutig umgegangen wird.

3.2.6 Abkürzungen, Symbole, Zeichen

Das Exzerpt ist zunächst einmal ausschließlich an Sie als Leserin gerichtet. Abkürzungen, Symbole und Zeichen zu benutzen, die komplexe Zusammenhänge knapp zusammenfassen, ist ökonomisch und immer dann sinnvoll, wenn sie für Sie eindeutig zu entziffern sind. Abkürzungen sollten, wenn sie nicht konventionalisiert sind, für Sie eindeutig und auch noch etwas später zu entziffern sein. Solche konventionalisierten Abkürzungen sind z.B. = zum Beispiel; u. a. = und anderes (Sie finden eine Liste solcher Abkürzungen im Duden), typische Symbole und Zeichen sind beispielsweise:

= entspricht bzw. ≠ entspricht nicht
→ oder ⇒ daraus folgt
√ erledigt
* Exkurs, wird an späterer Stelle wieder aufgegriffen
↔ Wechselwirkung
< kleiner als
> größer als

Diese Liste können Sie natürlich unendlich erweitern und auf Ihre Bedürfnisse zuschneiden.

>> **Tipp**

Ob Sie Exzerpte gern auf Karteikarten oder im Din-A4-Format, handschriftlich oder elektronisch anlegen, ist Ihnen überlassen. Es gibt hier keine richtige Lösung. Vielmehr ist die Wahl des Formats abhängig von Ihrer Arbeitsweise, den verfügbaren Ressourcen, wann und wozu Sie exzerpieren. Falls Sie Texte nur einmalig, beispielsweise für ein Referat in einem Seminar, exzerpieren und davon ausgehen, dass sie später nicht mehr für Sie relevant sind, dann müssen Sie sich auch über eine längere, beispielsweise elektronische Verfügbarkeit keine Gedanken machen. Möglich ist aber, dass Sie für Ihre Bachelor- oder Masterarbeit auf Texte zurückgreifen, die schon in einer Seminararbeit wichtig waren. Dann werden Sie sich Arbeit gespart haben, wenn Sie zu einem früheren Zeitpunkt bereits Exzerpte angelegt haben, die weiterverwendbar sind.

3.3 Beispiele

Im Folgenden finden Sie zwei Beispielexzerpte, die beide gelungen sind. Die Autorinnen vermögen klar zwischen verschiedenen Funktionen und sprachlichen Mitteln zu unterscheiden, dennoch bleiben die Exzerpte übersichtlich und gut lesbar. Die Quelle, die bearbeitet wird, ist in beiden Fällen deutlich hervorgehoben.

Michael Becker-Mrotzek, Kirsten Schindler:
SCHREIBKOMPETENZ MODELLIEREN, ENTWICKELN UND TESTEN

Inhalt: *Darstellung eines Kompetenzmodells „Schreiben"*
(basierend auf Modellen der empirischen Schreibforschung [Vgl. Ossner 2006], den Bildungsstandards der KMK, Ergebnissen aus Schulleistungsstudien)

---

1. Schreibkompetenz

S.94 **Problemstellung**

- Die Schwierigkeit Schreibkompetenz zu definieren liegt darin, dass die Produktion von Texten verschiedene **PROZESSE** umfasst:
  - Kognition
  - Inhaltliche
  - Sprachliche
  - Motorische
  - Visuelle
- Schreibkompetenz muss auf eine Weise modelliert werden, um aus ihr **Lernaufgaben** (Förderung der Schreibkompetenz) und **Testaufgaben** (zur Überprüfung) abzuleiten
- Die Schreibkompetenz hängt zudem ab, von:
  Lesekompetenz (Verweis Hurrelmann 2002)/ **situative Faktoren**/ Inhaltliches Wissen (**Content**)

[Schreibkompetenz ist schwierig isoliert zu erfassen, da die Textproduktion verschiedene Kompetenzen und kognitive Prozesse umfasst → Testung schwierig!]

S.95 **Grundlagen des Modells**

[Wenn ich Kompetenz festlegen möchte, muss ich Standards (KMK) festlegen, diese muss ich wiederum an einer Norm (Schulleistungen) überprüfen]

- Schreibprozessmodell nach **John Hayes/Linda Flower** (80er/90er):
  - Texteschreiben = Problemlöseprozess;
  - Texte werden geplant, formuliert, überarbeitet – Schreiber greifen zurück auf Wissen über Aufgabe (Textmuster, Inhalte), Kenntnisse des Adressaten sowie andere Texte
- **Definition von Kompetenz nach Weinert**: „die bei Individuen verfügbaren oder durch sie erlernbaren kognitiven Fähigkeiten und Fertigkeiten, um bestimmte Probleme zu lösen (Weinert 2001, S. 27f., zitiert nach Becker-Mortzek/Schindler)
- **Kritik**: *„Hinweise auf sprachliche Aspekte der Textproduktion wie auch Kriterien, an denen die Produkte gemessen werden, fehlen"* (S.95) [kognitiv determiniert]

- **Bildungsstandards** für Texteschreiben für mittleren Schulabschluss umfassen nach der KMK 2003 drei Anforderungsbereiche:
  1.) Schreibfertigkeiten verfügen
  2.) Richtig schreiben
  3.) Gestaltung des Schreibprozesses (Text planen, schreiben, überarbeiten)
  – Perspektive auf Produktion (Schreibprozesse) und Produkt (richtig schreiben)

S.96 -**Kritik:** Inhaltliche Füllung der Anforderungsbereiche?
Universelle Schreibfähigkeit bis 10. Klasse erreichbar?
Anforderungsniveaus und Verknüpfung mit Entwicklungsstufen?

- **Schulleistungsstudien** (zum Schreiben sehr selten): Fehlen geeigneter Schreibaufgaben, die einerseits präzise bestimmte Kompetenzen messen, andererseits reale und komplexe Aufgaben repräsentieren, **DESI**

[DESI–Studie (Deutsch Englisch Schülerleistungen International) zur Erfassung der sprachlichen Leistungen [auch Textproduktion] in Deutsch und Englisch von Schülern an Schulen in Deutschland, 2001 von der Kultusministerkonferenz als erste große nationale Ergänzung zu der PISA–Studie, von Deutschen Instituts für Internationale Pädagogische Forschung (DIPF) entwickelt und durchgeführt] Quelle: wikipedia]

S.96 2. Kompetenzmodell Schreiben

Als **Rahmenkonzept** dient das Schreibkompetenzmodell nach **Ossner (2006)**.

- „Kompetenzmodelle sind die Voraussetzung von Standards und ihrer Überprüfung“ (Ossner 2006)
- Modell umfasst verschiedene Domänen (Arbeits- und Inhaltsbereiche), die verschiedenen Bereiche der Sprachkompetenz (Hören, Schreiben, Lesen, Sprache etc.), Verschiedene Typen von Wissen, Anforderungsstufen
- **Kompetenz** = Wissen über bestimmten Inhaltsbereich zu aktivieren

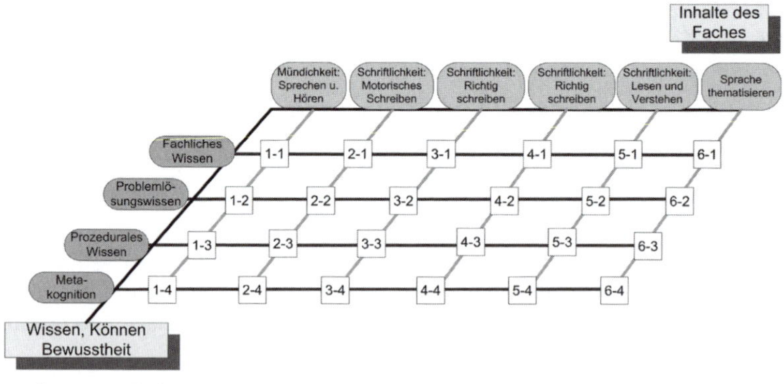

Quelle: *www-fkultur.uni-paderborn.de/.../PPP%20zu%20**Ossner**%20n.ppt*

S.97 **Schreibkompetenzmodell nach Becker-Mrotzek/Schindler**

1. Medium/Werkzeug:
Texte werden zum Zwecke der Überdauerung und Vermittlung medial gespeichert; Textproduzent bedient sich dieser Medien als Werkzeuge beim Schreiben

a) *deklaratives Wissen*: denkbar, zu unterschiedlichen medialen Speichermöglichkeiten
b) *Problemlösewissen*: Prüfverfahren zur orthographischen Korrektheit
c) *Prozedurales Wissen*: Routinen im Handschreiben, Tastaturschreiben – setzen Kapazitäten für andere Prozesse, jedoch nicht zwingend
d) *Metakognitives Wissen*: Wie kann der eigene Schreibprozess medial unterstützt werden? Welche Medien sind für die verschiedenen Textsorten geeignet?

2. Orthographie:
Regeln bei Verwendung der Schriftzeichen

a) *deklaratives Wissen*: erforderlich, wenn Text selbst verfasst wird
b) *Problemlösewissen*: Prüfverfahren zur orthographischen Korrektheit
c) *Prozedurales Wissen*: Routinen der Orthographie– setzen Kapazitäten für andere Prozesse, jedoch nicht zwingend
d) *Metakognitives Wissen*: Orthographie abhängig von der Schreibaufgabe (???)

3. Lexik:
Textproduktion verlangt Verwendung des Lexikons

a) *deklaratives Wissen*: Kenntnisse der Schriftsprache notwendig, allgmeinder und domänenspezifischer Wortschatz nötig, Zusammenhänge sprachlich ausdrücken können
b) *Problemlösewissen*: Prüfverfahren zur lexikalischen Korrektheit
c) *Prozedurales Wissen*: breiter, schriftsprachlicher und domänenspez. Wortschatz erleichtert den sprachlichen Ausdruck von Gedächtnisinhalten
d) *Metakognitives Wissen*: Verfahren, um angemessene Lexik und Syntax zu ermitteln (Rezipieren, Vergleichen)

4. Syntax:
Textproduktion beinhaltet Syntax

a) *deklaratives Wissen*: spezifische Kenntnisse der Schriftsprache, sind explizite Grammatikkenntnisse erforderlich zur Textproduktion??
b) *Problemlösewissen*: Prüfverfahren zur syntaktischen Korrektheit
c) *Prozedurales Wissen*: Routinen der Satzbildung (Verfügung von Phrasen – Beschleunigung der Satzproduktion)
d) *Metakognitives Wissen*: Ermittlung einer angemessen Syntax in einem Text (Rezipieren, Vergleichen von Texten)

5. Textmuster:
Orientierung an Textmustern

a) *deklaratives Wissen*: Sind explizite Kenntisse zwingend erforderlich oder hilfreich? (Bedarf einer Prüfung)
b) *Problemlösewissen*: Produktive Verfahren des Schreibens (z.B. Techniken zur Ideengenerierung), Verfahren zur Angemessenheit
c) *Prozedurales Wissen*: Routinen in Textstrukturierung (standardisierter Textformen, Abschnittsbildung) – Erleichterung der Textproduktion
d) *Metakognitives Wissen*: Welche Schreibstrategie eignet sich für welche Schreibaufgabe?

6. Leserorientierung:
Textproduktion orientiert sich an Lesern – Adressatenbezug

a) *deklaratives Wissen*: Sind explizite Kenntnisse zwingend erforderlich oder hilfreich? (Bedarf einer Prüfung)
b) *Problemlösewissen*: hilfreich: Formulieren von Fragen eines antizipierten Lesers oder Konzeption eines Adressatenbezug
c) *Prozedurales Wissen:* Routinen in Bezug auf einen angemessenen Wortschatz gegenüber des Adressaten (kognitive Strukturierung des Lesers durch advance organizer??)
d) *Metakognitives Wissen*: Ausgewogenes Verhältnis finden zwischen Leserorientierung, angemessener Sachverhaltdarstellung und eigenen Zielen

S.99 **Anforderungsniveaus:**

⇒ **These** wird aufgestellt: *„dass das Anforderungsniveau von dem Textmuster der Schreibaufgabe abhängt. Das Anforderungsniveau liegt umso höher, je stärker Inhalte für die Bewältigung der Schreibaufgabe umstrukturiert werden müssen“* (S.99)
Definition: *Schreibkompetenz lässt sich analog als das Produkt aus Anforderungsniveau der Schreibaufgabe und der Summe der anforderungsbezogenen Wissens definieren“(* S.99)

S.100 **3. Schreibkompetenz testen** (im Gegensatz zu Aufsatz bewerten!)

- Wie bestimmt man die Schwierigkeit (=**Anforderungsniveau**) einer Schreibaufgabe?
- **Testgütekriterien** erforderlich (Validität, Reliabilität, Objektivität)
- **Beispiel** Testaufgabe: Unfallschilderung – polizeilicher Erhebungsbogen
- Unterschiedliche Aufgabentypen erheben **spezifische Teilfähigkeiten** (Vgl. S.104)
- *„Die Aufgabe ist eine Funktion* ***(?)*** *der zu testenden Teilfähigkeit“* (S.104)

Unklar/Fragen:
- Operationalisierung des Schreibens: Kategorien des Schreibprozesses oder textlinguistische (auf Schreibprodukt bezogen)? S.94

- Möglichkeit sowohl deskriptiv-empirisch (Entwicklungsstufen) auch als normatives (Schwierigkeitsstufen) S.97
- Wie können Lernaufgaben abgeleitet werden?
- Entwicklungsstufen? Lesekompetenz?
- Wissensarten können getestet werden – Gibt es Studien über Korrelation zwischen Wissensarten und Textproduktion?

Auffällig an dem ersten Beispiel ist, dass die Verfasserin ihr Exzerpt stark visuell gliedert. Links vermerkt Sie die Seitenzahlen, in der Mitte platziert sie die einzelnen Inhalte. Ganz am Ende werden – dem Kommentar gleich – einzelne Fragen notiert. Auch die Schrift (Fettdruck, Schriftarten, Texthervorhebungen) unterstützt als Gliederungssignal. Einzelne Aspekte des Ausgangstextes, das Modell, werden auch direkt abgebildet.

01.11.2010

Seminar: Disziplinspezifisches Schreiben – Schreiben in der Wissenschaft

Exzerpt

Lehnen, Katrin (2009): „Disziplinspezifische Schreibprozesse und ihre Didaktik", in Lévy-Tödter, Magdalène; Meier, Dorothee (Hrsg.): Hochschulkommunikation in der Diskussion, Frankfurt am Main (Peter Lang), S. 281-301

Thematik des Aufsatzes: **Wie kann die Disziplinspezifik von Schreibprozessen systematisch als Gegenstand der Rekonstruktion und Reflexion in die Fachlehre integriert werden?** (vgl. S. 282)

Kapitel	
1	– Studierende sind wenig vertraut mit dem wissenschaftlichen Schreiben, zudem stellen die verschiedenen Fachgebiete unterschiedliche Anforderungen – Erläuterungen zum Aufbau des Aufsatzes
2	Paradigmenwechsel in der Forschung zu disziplinspezifischen Schreibprozessen: > *Von:* Untersuchung individueller, auf den Schreiber bezogener kognitiver Prozesse der Textproduktion (Schreibmodell Hayes und Flower 1980)

	>>> *Zu:* Schreiben als sozial bestimmtes Handeln, das in situative, gruppen- und domänenspezifische Kontexte eingebettet ist, die Einfluss auf den Text nehmen > „Schreiben ist Teil des fachlichen Handelns in Diskursgemeinschaften." (vgl. S. 283)
2.1	– *Writing Across the Curriculum* (WAC): Schreiben als Lernmedium, > Kognitive Entwicklung des einzelnen Studierenden: Regelmäßiges Schreiben unterstützt Lernprozesse und verbessert Schreibkompetenz – *Writing in the Disciplines* (WID): Schreiben als Lerngegenstand, > Schreiben als situiertes soziales Handeln, das an gruppen- und fachspezifische sprachliche Kommunikations- und Darstellungsformen gebunden ist (vgl. S. 284) – Schreiben und Textproduktion im Kontext ihrer Entstehung > „Wissenschaftliches Schreiben bedingt den Erwerb spezifischer Textkompetenzen." (vgl. S. 284)
2.2	– In der Linguistik werden typische Texte auf verschiedene Eigenschaften hin untersucht > Entstehung vieler Arbeiten, die sich vor allem mit dem systematischen Erschließen von Kontexten und Bedingungen wissenschaftlichen Arbeitens und wissenschaftlicher Textproduktion befassen (veranschaulichen jedoch nur das Anforderungsprofil) – Wichtige Methode in den letzten Jahren: Befragung (Ziel: Ermittlung disziplinärer Anforderungen und Probleme der Textproduktion aus Sicht der Beteiligten) > Studien von Jacobs (1999 / 2006), Ehlich und Steets (2003), – Monroe (2002): Fragen an Dozenten unterschiedlicher Fächer *„Worin bestehen typische Schreibpraktiken im Fach? Wie wenig oder wie stark variieren die Schreibtechniken? Haben sich die Schreibpraktiken in den Jahren verändert, wie?"*
3.	Lehrforschungsprojekt: Studierende unterschiedlicher Fächer befragen andere Studierende, Mitarbeiter/innen und Hochschullehrer/innen unterschiedlicher Fächer zum Schreiben > *Fragen S. 287* **!**
3.1	– Versuch, unterschiedliche Perspektiven zu beleuchten – keine repräsentativen Daten – Didaktischer Ansatz: Studierende als Forscher, verbessertes Verständnis wissenschaftlicher Forschung und institutioneller Praxis – dadurch Rekonstruktion und Reflexion disziplinspezifischer Arbeits- und Schreibprozesse

3.2	Empirische Analyse der Interviews: – Unterschiedliches Schreibaufkommen in den Fächern (Naturwissenschaften eher wenig, Geisteswissenschaften eher mehr) – Themen und Gliederungen in Naturwissenschaften von Instituten vorgegeben – Mangelnde Schreibfähigkeit wird überall angesprochen
3.2.1	Inhalt versus Form: Schreiben als Stilfrage – Strikte Trennung von Inhalt und Darstellung benennen alle Statusgruppen – Abgrenzung gegenüber literarischem Schreiben – Interesse am Inhalt, dann folgt die Art der Darstellung, dann erst korrekte Grammatik und Rechtschreibung
3.2.2	Schreiben als Auf- und Zusammenschreiben – „Copy and Paste“ – kaum Effizienz
4	> Ziel: Schreibintensivere Lehre durch unterschiedliche Schreibanforderungen – Integration von kleineren Schreibanforderungen in eine Abschlussarbeit – Schreiberfahrungen sammeln durch unterschiedliche Schreibanforderungen (Textarten)
4.1	Beispiel Interviewleitfaden
5	Didaktische Perspektiven > Studierende stärker in wissenschaftliche Forschungspraxis einbinden > Schreibaufgaben als Teilaufgaben in übergeordnetem Prozess integrieren > Problem: Die Form des Seminars ist sehr begrenzt > Aufbau von interdisziplinären Schreibkursen > Schreiben als Denk- und fachliches Handlungsinstrument
5.1	Beispiel Interview: Auch dies kann sich zum Lehr-Lern Diskurs entwickeln

Im zweiten Beispiel wird links die Gliederung aufgegriffen. Eine solche Form ermöglicht einen schnellen Zugriff auf die Argumentation des Textes. Die Formulierungen sind stark verschlagwortet (auch Stichworte).

3.4 Über den Sinn oder Unsinn des Exzerpierens

Das Exzerpieren ist historisch begründet. So lange Fachbücher kostspielig und nur in Bibliotheken zugänglich (und in der Regel nicht ausleihbar) waren, musste der Leser eine Form der Dokumentation der Textinhalte finden, die es ihm erlaubte, weiter damit zu arbeiten, das Exzerpt. Inzwischen stehen an allen Ecken Kopierer. Viele Texte sind inzwischen auch online zugänglich. Fachbücher gibt es als bezahlbare Taschenbücher. Ist das Exzerpieren damit überflüssig geworden? Letztlich müssen Sie sich diese Frage selber beantworten. Es wird Sie in Ihrem Studium kaum jemand zwingen, ein Exzerpt anzufertigen. Dennoch: Das Exzerpieren ist nicht nur aus meiner Erfahrung, sondern auch aus Forschungsarbeiten belegt, eine sinnvolle Textart. Auch Studierende erleben das Exzerpieren immer wieder als sinnvoll und hilfreich für die eigene Arbeit. Sinnvoll ist das Exzerpieren, weil es über das reine Dokumentieren eines Textes hinausgeht. Sie sind gezwungen, relevante Passagen/Inhalte zu identifizieren, die Argumentation eines Textes zu entschlüsseln, den Text im Forschungskontext zu verorten. All dies wird Ihnen helfen, ein Text- und Wissenschaftsverständnis aufzubauen, also wichtige gedankliche Arbeit zu leisten. Das Erstellen von Exzerpten wird Sie im Umgang mit der Wissenschaftssprache und zur Bildung der eigenen Fachsprache unterstützen. Sie werden selber Formulierungen suchen, um Inhalte darzustellen. Sie leisten damit Vorarbeit für Texte, die aus dem Exzerpt entstehen. Das Exzerpt wird Ihnen schließlich helfen, sich an relevante Aspekte, die für Sie beim Lesen eine Rolle gespielt haben, zu erinnern. Sie müssen den Text dann nicht immer und immer wieder neu lesen. Das Exzerpt wird Ihnen diesen gedanklichen Zugang ermöglichen und sogar deutlich verkürzen.

Sie brauchen nicht jeden Text, den Sie in Ihrem Studium lesen (müssen), zu exzerpieren. Ein Exzerpt ist immer dann sinnvoll, wenn in kurzer Zeit viel theoretisches Wissen präsent sein soll (also beispielsweise für Klausuren oder mündliche Prüfungen), Texte zur Wiederholung und/oder zur weiteren Bearbeitung genutzt werden oder das Exzerpt für eine Materialsammlung der eigenen Arbeit gebraucht wird. Sie sollten auch nicht alles exzerpieren. Ein Exzerpt kann dann seine Funktionen nicht mehr entfalten (beispielsweise schnelles Nachvollziehen der wichtigsten Aspekte), wenn es zu umfangreich und beispielsweise zu eng am Ausgangstext ist.

Wenn Ihnen das Exzerpieren jetzt wie eine hohe Kunst wissenschaftlichen Arbeitens erscheint, dann seien Sie versichert, das Exzerpieren unterscheidet sich nicht viel von dem, was Sie ohnehin tun, wenn Sie (wissenschaftliche) Texte lesen, nämlich, wichtige Passagen erkennen und zusammenfassen, Fragen an den Text zu stellen, die Argumentation nachzuvollziehen.

3.5 Exzerpieren lernen: Schritt für Schritt

Die nachfolgende Übung hilft, die einzelnen Tätigkeiten zu unterscheiden und ein Exzerpt Schritt für Schritt anzufertigen. Die Übung eignet sich auch für die Gruppenarbeit im Seminar. Vielleicht fragen Sie bei Ihrer Dozentin, Ihrem Dozenten nach, ob Interesse daran besteht, einmal gemeinsam im Seminarkontext zu exzerpieren. Die ersten zwei Schritte können Sie bei Bedarf und wenn Sie sich schon etwas geübt fühlen auch weglassen.

Schritt 1: Textauswahl und Lektüre
Sie arbeiten am besten in einer Gruppe (von 3-5 Personen). Suchen Sie sich einen populärwissenschaftlichen Text (beispielsweise aus einer Tages- oder Wochenzeitung), der nicht zu lang ist. Idealerweise behandelt der Text ein Thema, mit dem Sie sich auch wissenschaftlich, in Ihrem Seminar, auseinandersetzen. Lesen Sie den Text nun einzeln durch und markieren Sie relevante Passagen des Textes.

Schritt 2: Küchenzuruf und Zusammenfassung
Formulieren Sie einen Küchenzuruf des Textes. Ein Küchenzuruf ist ein Satz, eine Äußerung, die den Hauptgedanken des Textes zusammenfasst. Der Begriff Küchenzuruf stammt von Henri Nannen, dem Begründer der gleichnamigen Hamburger Journalistenschule und langjährigem Chefredakteur des Sterns. Für den Küchenzuruf stellte sich Nannen folgendes Szenario vor: Der Mann / die Frau sitzt im Sessel und liest die Zeitung, während die Frau / der Mann in der Küche das Essen vorbereitet und die Frage ruft: „Was steht denn heute in der Zeitung?". Der Satz, der darauf zurückgerufen wird, ist der Küchenzuruf. Vergleichen Sie Ihre Küchenzurufe. Haben Sie einen ähnlichen inhaltlichen Kern identifiziert? Tauschen Sie sich über den Inhalt kurz aus.

Schreiben Sie nun eine kurze Zusammenfassung zu dem Text, in dem Sie die wichtigsten Inhalte mit eigenen Worten formulieren. Tauschen Sie die Zusammenfassungen in Ihrer Gruppe und geben Sie sich gegenseitig Rückmeldung.

Schritt 3: Fokussiertes Lesen
Identifizieren Sie einen wissenschaftlichen Text, den Sie in Ihrer Gruppe, im Seminar, exzerpieren wollen. Lesen Sie den Text einzeln und gehen Sie beim Lesen folgendermaßen vor:

Leseabsicht bewusst machen
Durch das Aktivieren Ihres Vorwissens lenken Sie Ihre Aufmerksamkeit auf wichtige Aspekte im Text. Das Gelesene wird schneller und besser aufgenommen.
Fragen, die Sie sich zur Lesevorbereitung stellen sollten:
- Mit welchem Ziel will ich den Text lesen? [Leseabsicht]
- Was weiß ich bereits über das Thema? [Vorwissen]
- Was kann ich von diesem Text erwarten? [Leseerwartung]

Notieren Sie sich Stichpunkte.

Das orientierende/überfliegende Lesen
Das überfliegende Lesen ermöglicht einen schnellen Überblick. Sie machen sich klar, was Sie von dem Text erwarten können. Möglicherweise erspart es Ihnen auch das gründliche Lesen. Wenn Sie zum Beispiel merken, dass der Text veraltet ist o.a.
Orientierungshilfen bieten:
- Autoren bzw. bibliographische Angaben (Erscheinungsort, -jahr, Publikationsform)
- Überschriften (auch Zwischenüberschriften)
- Markierungen im Text
- Illustrationen, Grafiken, Tabellen, Charts
- Einleitung, Zusammenfassung
- Inhaltsverzeichnis, Glossar

Ordnen Sie anschließend die Informationen aus dem Text den folgenden Fragen zu:
- Wer?
- Wann?
- Wo?
- Was?
- Wie?

Stellen Sie sich Ergänzungsfragen:
- Wovon handelt der Text?
- Welches Vorwissen habe ich, um den Text zu verstehen?

– Was muss ich noch wissen, um den Text zu verstehen?
– Was könnten andere an dem Text interessieren?

Notieren Sie sich Stichpunkte zu den einzelnen Fragen.

Das gründliche, verstehende Lesen

Erst jetzt lesen Sie den Text gründlich und erschließen sich den Textinhalt, entscheiden, welche Informationen am wichtigsten sind und was Sie möglicherweise nicht verstehen.

Lesen Sie nun den Text Abschnitt für Abschnitt. Markieren Sie nach folgendem Muster:

Kerngedanke / Kernaussage	Mit Marker markieren (sehr wichtig) Am Rande mit **KA** versehen
Definition	Doppelt Unterstreichen Am Rande mit **DEF** versehen
(Weiterführende) Literatur	Einfach Unterstreichen Mit **LIT** versehen
Schlüsselwörter	Einkreisen Am Rande mit **!** versehen
Unverständliche Stellen	Unterkringeln Am Rande mit **?** versehen

Es ist wichtig, Markierungen sparsam zu verwenden. Wenn Sie zuviel anstreichen, wird es schwierig, wichtige Informationen auch später noch zu lokalisieren.

Schritt 4: Vom Lesen zum Schreiben (einer Zusammenfassung)

Nachdem Sie sich den Text nun gründlich erarbeitet haben, geht es nun darum, Zug um Zug zum eigenen Exzerpt zu gelangen.

Text gliedern

Versuchen Sie nun, den Text in Sinnabschnitte zu gliedern und jedem Abschnitt ein (oder mehrere) Schlagworte zu geben.

Absicherung der Ergebnisse und Rohversion

Notieren Sie Ihre gesammelten Überschriften auf ein neues Blatt Papier. Legen Sie anschließend den Ausgangstext weg. Setzen Sie sich am besten in Ihrer Gruppe zusammen und diskutieren Sie die für Sie wichtigsten Inhalte. Notieren Sie sich, wenn nötig, die Hinweise.

Probieren Sie nun ausgehend von den Überschriften und dem Gespräch eine erste Rohversion Ihres Exzerpts. Denken Sie daran, es geht zunächst nur darum, die Kerngedanken klar und schlüssig zusammenzufassen.

Schritt 5: Von der Zusammenfassung zum Exzerpt

Überarbeitung
Lesen Sie nun Ihre zusammenfassenden Passagen. Enthalten Sie die wichtigsten Informationen, sind die Formulierungen klar und kurz genug? Sie können jetzt auch wieder auf den Ausgangstext zurückgreifen. Überarbeiten Sie Ihren Text.

Suchen Sie Belege für Ihre Äußerungen. Notieren Sie die entsprechenden Seitenzahlen. Sollte die Äußerung noch durch ein passendes Zitat veranschaulicht werden? Geben Sie Beispiele. Entdecken Sie in Ihrem Text argumentative Brüche? Prüfen Sie, liegt es daran, dass Sie etwas im Text nicht verstanden haben, oder ist der Ausgangstext hier selbst unklar? Vermerken und kommentieren Sie Ihre Beobachtungen. Vollziehen Sie noch einmal Ihre Leseabsicht nach. Was wissen Sie jetzt mehr über den Gegenstand, wo sind noch Leerstellen?

Schritt 6: Textrückmeldung

Tauschen Sie Ihre Exzerpte nun innerhalb der Gruppe aus und geben Sie sich gegenseitig Rückmeldung. Denken Sie daran, Feedback-Regeln einzuhalten. Feedback sollte:

- **Konkret:** Sagen Sie genau, worauf (welches Wort, welchen Satz) Sie sich beziehen
- **Anschaulich:** Sagen Sie genau, was Sie meinen
- **Konstruktiv:** Starten Sie mit positiven Beispielen
- **Beschreibend:** Analysieren Sie das Problem und bewerten Sie es nicht
- **Angemessen sein:** Bleiben Sie auch in der Wortwahl höflich.

Feedback sollte als:

- **Ich-Botschaft:** Formulieren Sie immer aus Ihrer Perspektive als Leserin
- **Verbesserungsvorschlag:** Geben Sie Tipps und Überarbeitungshilfen
- **am konkreten Beispiel** formuliert werden: Seien Sie nicht pauschal, sondern immer präzise.

Im Anschluss an das Feedback sollten Sie Ihren Text noch einmal überarbeiten.

4 Das Protokoll

Protokolle sind Ihnen vermutlich schon aus Ihrem Schulalltag bekannt. Vielleicht kennen Sie Protokolle auch aus anderen institutionellen Zusammenhängen, das Protokoll bei der jährlichen Mitgliederversammlung des Sportvereins, das Gerichtsprotokoll, das während des Verfahrens noch einmal zitiert wird, um Missverständnisse zu klären, oder das Protokoll zu einem Labor-Experiment. Diese unterschiedlichen Protokolle haben auch unterschiedliche Funktionen und davon abgeleitet nutzen sie auch andere Formen und sprachliche Muster. Protokolle können beispielsweise rechtlich verbindlich sein; das gilt für Protokolle der Abschlussprüfungen im Studium, die dann auch von den Prüfenden unterschrieben werden müssen.

4.1 Formen und Funktionen

Generell unterscheidet man vier Formen von Protokollen: **das wörtliche bzw. Verbalprotokoll**, hier wird versucht, den mündlichen Wortlaut (auch Dialekt und anderes) in direkter Rede und so identisch wie möglich zu dokumentieren. Ein solches Protokoll wird beispielsweise bei Gericht genutzt. Auch, wenn Sie Gespräche exakt abbilden müssen, z.B. für eine sprachwissenschaftliche Analyse, geht es darum, wörtlich zu protokollieren. Beim **Verlaufs-, Verhandlungs-** oder **Sitzungsprotokoll**, es werden alle drei Begriffe in der Literatur verwendet, geht es darum, den Gesprächsprozess nachzuzeichnen, das kann in Einzelfällen auch bis zum exakten Wortlaut gehen, zumindest dann ist die Kennzeichnung des Sprechers notwendig. Häufiger wird dieser Protokolltyp aber in indirekter Rede verfasst. Das **Gedächtnisprotokoll** wird ohne andere Hilfsmittel – Aufzeichnungen oder Notizen – nach der Erinnerung aufgezeichnet. Ein Gedächtnisprotokoll wird beispielsweise im medizinischen Zusammenhang verwendet. In der Situation selbst steht die medizinische oder therapeutische Behandlung im Fokus, erst danach werden die wichtigsten Aspekte notiert. Das **Ergebnis-** oder **Abstimmungsprotokoll** schließlich fokussiert ausschließlich die Ergebnisse der Interaktion, der Gesprächsprozess wird nicht dokumentiert. Das **wissenschaftliche Protokoll**, das eine wichtige Textsorte vor allem im geistes- und sozialwissenschaftlichem Studium darstellt, hat Züge der verschiedenen Protokolltypen, insbesondere des Verlaufs- und des Ergebnisprotokolls. Das wissenschaftliche Protokoll dient dazu, Wissen, das diskursiv erarbeitet wurde (also beispielsweise in einem Seminar- oder Vorlesungskontext) schriftlich zu fixieren und komprimiert und systematisiert wiederzugeben. Damit schafft das wissenschaftliche Protokoll eine gemeinsame Wissensbasis für alle am Diskurs beteiligten Personen.

Das wissenschaftliche Protokoll kann fünf Funktionen übernehmen: die **Dokumentation** und die **Aufbereitung** des Wissens, als gemeinsame **Literaturgrundlage**, zur **Kontrolle** des Wissensstandes und zum **Üben** wissenschaftlichen Formulierens.

4.1.1 Die Dokumentation

Das Protokoll soll Kommilitoninnen, die nicht anwesend waren, ermöglichen, den Sitzungsinhalt sowie den Sitzungsverlauf nachzuvollziehen, beispielsweise auch, um über die Hausaufgaben oder andere Folgeaufträge informiert zu sein, Veränderungen im Organisationsablauf zu erfahren etc.

4.1.2 Die Aufbereitung

Inhaltliche Lücken, Unklarheiten, offene Fragen können durch das Protokoll geklärt werden, beispielsweise dadurch, dass referierte Literatur durch vollständige Literaturangaben ergänzt wird.

4.1.3 Als Literatur

Ähnlich anderer Seminartexte wie beispielsweise Seminarfolien oder der Seminarreader kann das Protokoll zur Vorbereitung für Klausur, Hausarbeit und weitere Prüfungssituationen dienen. Sie können Protokolle auch in Ihren Seminararbeiten zitieren. Das gilt natürlich nur für Protokolle, die auch anderen zur Verfügung stehen.

4.1.4 Zur Kontrolle

Die Dozentin kann am Protokoll ablesen, welche Inhalte verstanden wurden, worin noch Unklarheiten und ggf. weiterer Klärungsbedarf bestehen.

Dabei geht es weniger um die Kontrolle des einzelnen Protokollanten als vielmehr um einen grundlegenden Einblick in den Wissensstand der Teilnehmer.

4.1.5 Zum Üben

Das Protokoll schult in der Verschriftlichung mündlicher Inhalte sowie in der Auswahl, Gewichtung, Strukturierung und Formulierung dieser Inhalte. Da die Anforderungen, mündliche Inhalte chronologisch und/oder ergebnisbezogen zusammenzufassen, auch in vielen anderen beruflichen Zusammenhängen relevant sind, ist es auch über das Studium hinaus sinnvoll, sich im Protokollieren zu üben.

4.2 (Sprachliche) Gestaltung

Das wissenschaftliche Protokoll hat ausgehend von diesen Funktionen üblicherweise drei Bestandteile: den **Protokollkopf**, den **Protokolltext**, den **Anhang**.

4.2.1 Der Protokollkopf

Der „Kopf" des Protokolls beinhaltet die Nennung von a) Name der Hochschule, Fakultät und Institut, b) Seminartyp, Seminarname, Seminarleiterin, c) Protokollantin, d) Datum. Der Protokollkopf ermöglicht die schnelle Zuordnung und spätere Sortierung des Protokolls. Der Protokollkopf wiederholt Elemente, wie Sie diese auch oben auf Ihrem Thesenpapier oder auf dem Deckblatt Ihrer Seminararbeit finden.

4.2.2 Der Protokolltext

Der Text ist im **Präsens** abzufassen. Die Vergangenheit wird nur genutzt, wenn auf den Sitzungsablauf Bezug genommen wird. Als günstig erweist es sich, das Protokoll auszuformulieren (nicht in Stichworten!). Denn nur so ist gewährleistet, dass die Leserin auch nach einem späteren Zeitpunkt noch Zusammenhänge herstellen kann. Da es beim wissenschaftlichen Protokoll vornehmlich darum geht, die Ergebnisse darzustellen, gleichwohl aber auch den diskursiven Zusammenhang, in dem die Ergebnisse entstanden sind (also z.B. Gruppenarbeit, Referat, Dozentenvortrag) zu dokumentieren, sollten Erkenntnisse und Argumentationsstruktur abgebildet werden. Die namentliche Nennung von SprecherInnen ist dafür nicht erforderlich. Besonders wichtige Aspekte können markiert werden (z.B. fett gedruckt). Sinnvoll ist auch, den Text durch Überschriften (Thema/Themen der Sitzung) und Zwischenüberschriften zu **strukturieren**. Das Protokoll bezieht sich nur auf die Sitzungsinhalte, Informationen, die nach oder außerhalb der Sitzung gewonnen wurden, sind als solche zu kennzeichnen. Angaben zur Länge von Protokollen finden sich nur selten in der Literatur. Üblich sind nicht mehr als **zwei Din-A4-Seiten**.

4.2.3 Der Anhang

Im Anhang kann die Literatur, auf die in der Sitzung Bezug genommen wurde, bibliographiert werden (bitte vollständig angeben, wenn notwendig die Angabe noch recherchieren). Beispiele, die in der Sitzung diskutiert wurden, Folien, auf die Bezug genommen wurde, sind ebenfalls im Anhang abzulegen.

Moll (2001) beschreibt, dass Studierende eine ganze Reihe von **Problemen** beim Protokollieren haben, diese Probleme beziehen sich auf die **inhaltliche, die sprachliche** und **die formale Gestaltung**.

4.2.4 Inhaltliche Probleme

In den Protokollen zeigt sich, dass die Gewichtung der Inhalte ungünstig verteilt ist. Themen, die vergleichsweise viel Raum in der Sitzung beansprucht haben, erscheinen weniger relevant. Themen, die nur sehr knapp behandelt wurden, erhalten vergleichsweise zu viel Raum. Seminarsitzungen oder auch Vorlesungen versuchen die Inhalte, die verhandelt werden, miteinander zu verknüpfen. Teilweise fehlt eine solche Verknüpfung in den Protokollen, die Argumentation wird dann nicht mehr sichtbar. Schwierigkeiten bereiten den Studierenden auch, die Balance zwischen Ergebnissen und diskursivem Verlauf (Herausarbeitung der Ergebnisse) zu halten. Die Inhalte werden teilweise zu stark verknappt, das erschwert den Nachvollzug des diskursiven Verlaufs oder die Darstellung des Verlaufs gerät zu ausführlich, dann sind die Ergebnisse nicht mehr sichtbar. Auffällig ist nach Ansicht Molls auch, dass Anknüpfungen an die letzte(n) Sitzungen fehlen und in den Protokollen ein zu starker Personenbezug zu beobachten ist.

4.2.5 Sprachliche Probleme

Auch in der sprachlichen Gestaltung treten üblicherweise bestimmte Probleme auf. Zwischen der Verknappung der Inhalte in Stichworten bis hin zu wortwörtlicher Übernahme der gesprochenen Sprache fehlt die notwendige Balance. Die Protokolle sind umgangssprachlich, die Begriffe inkonsistent, die Fachlexik wird falsch verwendet. Fehler finden sich bei Rechtschreibung, Zeichensetzung und Grammatik. Der Tempuswechsel geschieht unmotiviert vom Präsens in die Vergangenheit, das Tempus oder der Modus (Konjunktiv) wird falsch verwendet. Der Text leidet unter einer fehlenden Kohärenz (Sinnzusammenhang) und Kohäsion (Textverknüpfung).

4.2.6 Formale Probleme

Moll beobachtet auch, dass in den Protokollen die Kopfzeilen fehlen, dass die Gliederung nicht ersichtlich ist, keine Absätze, Abschnitte oder Überschriften gemacht werden, dass die Literaturangaben fehlen, unverständlich oder fehlerhaft sind und dass die Markierungen (Schriftgrößen, Schrifttypen, Fettdruck) entweder zu viel genutzt werden und/oder widersprüchlich sind und so dem Leser keine Orientierung mehr geben.

>> **Tipp**

Gehen Sie mit Markierungen konsequent und sparsam um. Unterstreichungen gelten mit dem Computerzeitalter als überwunden. Die Schriftgröße lässt sich als Markierung für die Überschriften nutzen. Mit kursiv werden einzelne (wenige) Begrifflichkeiten hervorgehoben. Mit dem Fettdruck werden Schlagwörter hervorgehoben. Sollten Sie sich für einen Schrifttyp entschieden haben, bleiben Sie dabei.

4.3 Beispiele

Versuchen Sie einmal am nachfolgenden Beispiel herauszuarbeiten, was Ihnen als gut gelungen auffällt und was Sie eher zur Überarbeitung stellen wollen, Sie können sich auch an den drei Bereichen: Inhalt, Sprache und Form orientieren. Versetzen Sie sich in die Lage einer Studentin, die bei der Sitzung nicht anwesend war, sich aber über die Inhalte entsprechend informieren möchte.

Protokoll vom 22.10.2010

Die zweite Sitzung des Seminars „Disziplinenspezifisches Schreiben – Schreiben in der Wissenschaft“, am 22.10.2010, unter der Leitung von Frau Dr. Kirsten Schindler an der Universität zu Köln, trägt das Thema „Schreibforschung und Schreibmethoden“. Frau Schindler hat zu Beginn der Sitzung angekündigt dem Kurs die Highlights der Schreibprozessforschung kurz darzustellen. Sie fügt hinzu, dass diese Darstellung eher subjektiv wäre.

Im 19.Jahrhundert begann man sich in den USA mit dem Schreiben zu beschäftigen. Zum gleichen Zeitpunkt wurden die ersten Bildungsstandards für das wissenschaftliche Schreiben zu Beginn eines Studiums festgelegt.

Im 20. Jahrhundert bildeten sich dann Vereine, wie zum Beispiel das „National Council of Teachers of English“ (NCTE), welche für die Institutionalisierung und Reform der Standards verantwortlich waren. Frau Schindler zählt verschiedene Details der einzelnen Vereine auf. Sie erklärt, zum Beispiel, wie man Mitglied in den Vereinen werden kann.

1966 kam es dann zu einer großen Konferenz am Dartmouth College. Frau Schindler betont, dass man sich ab diesem Zeitpunkt nicht mehr nur auf das Produkt konzentrierte, sondern den Fokus mehr auf den Prozess des eigentlichen Schreibens legte. Man stellte sich die Frage: „Was tut der Schreiber selbst und welche Probleme hat er dabei?“ So kam es zur Entwicklung von Forschungsansätzen.

In den USA wurden zusätzlich Fortbildungen für Lehrer(innen) angeboten, was es bis heute noch nicht in Deutschland gibt. So kam es im Dezember 1975 dazu, dass man dachte, die UDSSR könnte alle überholen. Frau Schindler vergleicht dies mit dem uns bekannten „Pisaschock“. Das Schreiben von Texten bekam somit eine neue Wertig- und Wichtigkeit. Die Diagnostik und Förderung traten in den Vordergrund. Frau Schindler betont hier, dass somit deutlich wurde, dass die Forschung an bestimmten Stellen fehlt. Man wusste zum Beispiel nicht, wie der Text vom Kopf auf das Papier gelangt. So kam es dazu, dass zwei Psychologen (Linda Flower und John Hayes) sich stärker damit beschäftigten. Sie entwickelten die Methode der „Laut-Denk-Protokolle“, um heraus zu finden, was während des Schreibens im Kopf passiert. Das Urmodel der Schreibforschung sollte dieses relativ einfach darstellen. Frau Schindler zeigt das Modell in ihrer Power-Point Präsentation. Dieses Modell unterschied erstmals verschiedene Prozesse. Da innerhalb des Kurses Fragen aufgekommen sind, macht Frau Schindler das Modell anhand eines Beispiels (Wegbeschreibung) deutlich.

Seit 1990 beschäftigte man sich mehr mit sozialen und medialen Kontexten. Frau Schindler bringt Fragen wie: „Ist jemand allein beim Schreiben?“, „In welcher Umgebung schreibt die Person?“ und „Wie sind die Umstände?“. Sie gibt weitere Beispiele für die Veränderung des persönlichen Schreibprozesses an.

Ab dem 21. Jahrhundert steht der Schreiber wieder im Fokus der Forschung. Das Augenmerk liegt somit auf der sozialen und kulturellen Heterogenität. Wissenschaftszeitschriften sind am wichtigsten, welche sich zu elektronischen Zeitschriften entwickelten. Die Recherche wurde somit, durch die weltweit mögliche Schlagwortsuche, leichter. Aus den neuen Medien ergab sich zudem eine neue Forschungsmethode, das „Eye-Tracking". Diese Methode untersucht die Augenbewegung einer einzelnen Person in Verbindung mit ihrer Tastaturbewegung.
Weiter erwähnt Frau Schindler, dass die Länder und Sprachgrenzen heute komplett aufgelöst sind. Bis heute haben sich viele verschiedene Textsorten entwickelt, für die es verschiedene Forschungen gibt. Frau Schindler hat sich zum Beispiel mit dem Schreiben in speziellen Berufen (Ingenieur und Lehrer(innen)) beschäftigt. In Deutschland hat die Forschung einen starken schulischen Bezug. Frau Schindler nennt Fragen, wie zum Beispiel: „Mit welchen Textsorten sollen Schüler(innen) konfrontiert werden?", „Was sollen sie daraus lernen?". Sie erklärt weiter, dass man in der Schule eine sogenannte „Textsortenprogression" findet. Man beginnt also mit einem leichteren Text (Erzählung) in der Grundschule und entwickelt sein Schreiben bis hin zu schwierigen Texten (Analyse oder Erörterung) in der Oberstufe. Darüber hinaus zählt Frau Schindler noch weitere Forscher und Arten des Schreibens auf.
Danach beendet sie ihren Vortrag und stellt dem Kurs die folgende Aufgabe: „Wie kann man Schreiben und Schreibprozesse untersuchen?". Die Studierenden sollten diese Frage nun stichpunktartig in Partnerarbeit beantworten. Nach zehn Minuten sammeln sie ihre Ergebnisse und Frau Schindler ergänzt diese noch durch Comics in ihrer Power-Point-Präsentation. Zum Schluss der Sitzung soll jeder Studierende einen Text über sein Schreibverhalten aus Sicht seines Schreibtisches schreiben. Frau Schindler beendet die Sitzung mit einem Ausblick auf die nächste Sitzung am 05.11.2010.

Das Protokoll zeigt Stärken wie Schwächen. Bezogen auf den Inhalt wird deutlich, dass sich die Schreiberin bemüht, die Sitzung in den Gesamtdiskurs einzubetten (Verortung als zweite Sitzung, Hinweis auf die nächste Sitzung). Es fehlt der Hinweis, dass die nächste Sitzung aufgrund einer Prüfungswoche erst in 14 Tagen stattfindet. Dies ist allerdings eine wichtige Information für die Kommilitonin, die in dieser Sitzung nicht anwesend ist und so möglicherweise in der nächsten Woche umsonst erscheint. Es fehlen strukturierende Nennungen der Diskursformen, hier Dozentenvortrag, Partnerarbeit und Schreibaufgabe in Einzelarbeit. Die Diskursformen werden im Protokoll sehr ungleich gewichtet, der Dozentenvortrag wird im Protokoll deutlich stärker gewichtet als die Partner- und Einzelarbeit, obwohl dies nicht der zeitlichen Strukturierung in der Sitzung entsprach. Die Dozentin wird häufig namentlich erwähnt, was unnötig ist. Zum Teil bleibt das Protokoll vage („Darüber hinaus zählt Frau Schindler noch weitere Forscher und Arten des Schreibens auf"). Insgesamt orientiert sich das Protokoll sehr stark am Sitzungsverlauf. Die Sprache ist insgesamt angemessen. Es finden sich allerdings teilweise umgangssprachliche Formulierungen („Highlights", „Frau Schindler bringt Fragen wie..."). Bedingt durch die starke Orientierung am Verlauf formuliert die Autorin etwas sehr erzählerisch („So kam es dazu, dass zwei Psychologen sich stärker damit beschäftigten"). Die Zeichensetzung ist nicht durchweg fehlerfrei. Formal kann die Protokollantin schon einige Aspekte umsetzen. Es fehlt allerdings – trotz der notwendigen Angabe des Datums – ein Protokollkopf, auch der Name der Protokollantin taucht nicht auf. Überschriften werden nicht gesetzt. Die Absätze sind schwer zu erkennen. Markierungen werden nicht genutzt.

Im zweiten Beispiel sehen Sie, dass einzelne Aspekte besser gelungen sind. Das Protokoll kann formal eher überzeugen. Sie finden einen Protokollkopf und einzelne Sinneinheiten, die entsprechend markiert sind. Auch gelingt es der Schreiberin besser zwischen Ergebnissen und Verlauf sowie zwischen einzelnen Diskursformen zu unterscheiden. Auch hier müsste allerdings kritisiert werden, dass die Zeichensetzung nicht ganz fehlerfrei ist.

Disziplinenspezifisches Schreiben- Schreiben in der Wissenschaft (4350)
Dozent: Dr. Kirsten Schindler
WS 10/11
Protokollantin: ---
Matrikelnummer: ---

Protokoll vom 25. Oktober 2010
Die Sitzung am 25. Oktober begann mit einer Erläuterung wie ein Exzerpt erstellt wird. Darüber hinaus wurde der Unterschied zwischen einer Mitschrift und einem Protokoll dargelegt. Die wesentliche Abweichung bezieht sich auf den Punkt, dass eine Mitschrift nur Notizen für die Person sind die sie erstellt, während bei einem Protokoll die Notizen verarbeitet und Außenstehenden die Inhalte vermittelt werden sollen.

Schreibforschung und Schreibentwicklung
In den USA wird sich schon lange mit dem Thema „Schreiben" auseinandergesetzt. Bereits im 19. Jahrhundert entstanden dort entsprechende Lehrstühle. Insgesamt teilt sich die Entwicklung der Schreibforschung in 5 Phasen. Die erste Phase begann im 20. Jahrhundert (1901 – 1960) und im Mittelpunkt stand hier die Reform und Institutionalisierung. In der zweiten Phase (1960 – 1980) war der Fokus auf der Forschung und Konsolidierung, während die dritte Phase (1975 – 1996 ff.) sich in erster Linie mit der Medienöffentlichkeit, der kognitiven Wende und dem kreativen Schreiben auseinandersetzte. In dieser Phase wurde auch das Urmodell der Schreibforschung nach Flowers und Hayes entwickelt. Der Versuch war es hier Schreibprozesse bewusst zu machen, zum Beispiel durch lautes Denken.
In der vierten Phase, die 1990 begann, aber bisher noch nicht als beendet gilt, wurde und wird sich viel mit sozialen und medialen Kontexten beschäftigt. Ein Beispiel hierfür wäre das Feststellen von Unterschieden bei Schreiben im Beruf oder privat, am Computer oder an der Schreibmaschine. Darüber hinaus gibt es auch neue Textsorten wie die „hypertexte". Der Begriff „hypertexte" bezieht sich auf Texte, die auf andere Texte verweisen. Ein gutes Beispiel hierfür ist die Internetseite „wikipedia".
Die vorläufig letzte und 5. Phase beginnt 2000 und ist ebenso wie die 4. Phase noch nicht beendet. Im Vordergrund stehen hier soziale und kulturelle Heterogenität. Das hängt mit dem Umstand zusammen, dass sich Länder- und Sprachgrenzen auflösen neue Textsorten entstehen und neue Anforderung an den Schreiber gestellt werden. Ein Beispiel wäre der Wechsel von Papier auf digitales Schreiben. Entsprechend zu diesen Veränderungen gibt es inzwischen auch ein aktuelles, komplexeres Modell der Schreibforschung nach Heine, bezogen auf die Textsorte „Onlinehilfe".

Die Entwicklung in Deutschland hat einen engeren Bezug zur Schule und natürlich einen anderen historischen Kontext als die Entwicklung in den USA. Ein Ansatz bezieht sich auf die Frage nach der Textsorte mit der SchülerInnen konfrontiert werden sollten und was damit gemacht werden soll. Normalerweise wird mit leichteren Textsorten, zum Beispiel Erzählungen, begonnen und es gibt eine Steigerung zu schwierigeren Textsorten.

Aufgabe „Schreibmethoden"
Im Folgenden wurde eine Aufgabe in Partnerarbeit in das Plenum gestellt, für die ein Zeitfenster von 10 Minuten gegeben war.
Wie kann man „Schreiben" bzw. „Schreibprozesse" untersuchen. Sammeln und systematisieren Sie Ihre Überlegungen.
Eine Möglichkeit „Schreiben" beziehungsweise „Schreibprozesse zu untersuchen ist einer ähnlichen Gruppe von Menschen (ein Beispiel für solche Gruppen wären Studenten, Hauptschüler oder Grundschüler) die gleiche Schreibaufgabe (zum Beispiel ein Aufsatz mit derselben Themenstellung für alle) zu geben und konkrete Rahmenbedingungen (zum Beispiel die Länge) festzulegen. Diese Ergebnisse können dann verglichen und Ähnlichkeiten oder Unterschiede festgestellt werden.
Weitere Möglichkeiten, die der Kurs entwickelte, waren den Schreiber zu filmen oder versteckt zu beobachten, Störungen zu provozieren und die Auswirkungen zu dokumentieren oder auch kooperatives Schreiben anzubieten.
Zu unterscheiden bleibt bei den Schreibmethoden zwischen „online- während des Schreibens", „offline- nach dem Schreiben" und der Art der Daten.

Eine weitere Aufgabe war „Schreiben Sie einen Text (1-2 Seiten) aus der Perspektive Ihres Schreibtisches." Aufgrund von Zeitmangel gegen Ende der Sitzung konnte diese Aufgabe nicht mehr im Seminarrahmen beendet werden.

Ein Anhang, der Verweis auf weitere Literatur, der Hinweis darauf, dass die nächste Sitzung ausfällt, sind allerdings auch in diesem Protokoll nicht zu finden.

4.4 Protokollieren lernen – Schritt für Schritt

Das wissenschaftliche Protokoll fasst den mündlichen Diskurs einer Seminarsitzung schriftlich zusammen. Damit das gelingt sind verschiedene Arbeitsschritte notwendig.

Schritt 1: Vorbereitung

Der Nachvollzug einer Seminarsitzung (Schritt 2) wird erleichtert, wenn Sie sich schon gedanklich auf Ihre Aufgabe vorbereiten. Sinnvoll ist beispielsweise vorab ausgegebenes Material (Thesenpapiere oder Folien) zur Kenntnis zu nehmen; auf den Materialien lassen sich auch direkt Notizen anfertigen.

Tipp

>> Das inzwischen häufig eingesetzte Folienprogramm Powerpoint bietet eine Druckversion an, in der Sie rechts neben der Folie Platz für Notizen haben.

Hilfreich ist auch, dass Sie sich mit anderen Kommilitonen, die dieselbe Aufgabe haben, verständigen; vielleicht könnten Sie auch arbeitsteilig vorgehen oder zumindest Ihre Mitschriften vergleichen (Schritt 4). Schließlich sollten Sie geeignetes Dokumentationsgerät bereithalten. Sollten Sie nicht mehr gut bzw. schnell genug per Hand schreiben können, bietet sich der Einsatz eines Laptops an.

Tipp

>> Eine Audio- oder Videoaufnahme der Sitzung stellt keine Erleichterung dar, denn die eigentlich anspruchsvolle Aufgabe, Inhalte zu komprimieren, zu strukturieren und zu formulieren, wird dadurch nur vertagt und möglicherweise durch das besonders genau dokumentierte Material sogar erschwert.

Schritt 2: Rezeption der Seminarsitzung

Seminarsitzungen umfassen in der Regel einen Zeitumfang von 90 Minuten. Es ist weder möglich noch notwendig, dass Sie ohne gedankliche Pause diese 90 Minuten nachvollziehen. Erfahrene Dozentinnen sind in der Lage, immer wieder Möglichkeiten zum Wiedereinstieg zu bieten, indem sie an die Struktur der Sitzung erinnern („Im ersten Teil der Sitzung haben wir uns mit xyz beschäftigt, wir werden nun xyz tun"), kurze Zusammenfassungen und Wiederholungen anbieten („Abschließend lassen sich die wichtigsten Inhalte in xyz Schlagworten zusammenfassen") oder sogenannte **advance organizer** nutzen. Advance organizer sind Formulierungsbausteine, die den nachfolgenden Rede- oder Schriftbeitrag vorstrukturieren („Für die Geschichte der xyz sind vier Aspekte zentral. Der erste Aspekt betrifft xyz…“). Diese Wiedereinstiegsmöglichkeiten bieten auch eine Orientierung für die spätere Struktur Ihres Protokolls. In Ihrer Mitschrift können Sie diese Gliederungspunkte aufnehmen (und entsprechend Platz lassen), Sie strukturieren Ihr späteres Protokoll so entsprechend vor.

Schritt 3: Mitschrift während der Seminarsitzung

Die Mitschrift, die während der Seminarsitzung entsteht, ist ein sogenannter „Zwischentext“ (siehe auch Kapitel 1), er steht zwischen der Seminarsitzung und dem späteren Protokoll. Die Mitschrift ist zunächst einmal nur für Sie. Die Mitschrift unterstützt Sie später dabei, wichtige Inhalte zu erinnern, indem sie von Ihnen dokumentiert werden. Es wird genügen, wenn Sie sich Stichworte notieren oder eigene (für Sie aber auch nach der Sitzung noch verständliche) Symbole nutzen. Sie können sich auch Verweise machen, wenn Sie etwas im Anschluss noch recherchieren müssen, z.B. die genaue Literaturangabe, die Textstelle, auf die sich Äußerungen bezogen haben. Mit der Mitschrift komprimieren Sie die Inhalte der Sitzung. Sie treffen eine (Vor-)Auswahl, denn mitgeschrieben und entsprechend protokolliert werden soll nur das Wichtigste.

Tipp

» Sollten Sie unsicher sein, ob die von Ihnen mitgeschriebenen Inhalte wirklich am wichtigsten sind, können Sie auch noch einmal beim Dozenten oder – falls es ein Referat gab – bei der Referatsgruppe nachfragen und um Rückmeldung bitten.

Es ist nicht leicht zu entscheiden, was wichtig ist. Ihre Einschätzung mag sich auch von der Ihrer Kommilitoninnen und selbst dem Dozenten unterscheiden. Dafür gibt es eine nachvollziehbare Erklärung. Wir bewerten Informationen auf der Grundlage unserer Vorerfahrungen und unseres Vorwissens. Erfahrungen und Wissen werden bei allen etwas anders ausfallen. Trotz dieser unterschiedlichen Vorerfahrungen werden sich auch Gemeinsamkeiten und Überschneidungen finden lassen. Denn Sie können Hinweise nutzen, die Sie bei der Auswahl leiten. Es hilft, sich diese Hinweise bereits vor dem Mitschreiben (siehe auch Schritt 1) zu vergegenwärtigen:

- **Quantität der Besprechungsdauer:** Ein Aspekt, der sehr ausführlich diskutiert wurde und entsprechend viel Platz im Seminardiskurs einnahm, ist wichtig(er).
- **Top-down denken**: Lässt sich die Sitzung in Themenclustern beschreiben? Welche Aspekte wurden bei jedem Thema diskutiert, wo waren Bezüge zwischen den Themen (Ähnliches, Unterschiedliches), die herauszuarbeiten sind? Beispiele, Anekdoten, Witze und ähnliches werden im Protokoll nicht ausgeführt.
- **Gesamtdiskurs aufzeigen**: Wann und in welcher Weise wurden Aspekte vorangegangener Sitzungen wieder aufgegriffen, gibt es einen roten Seminarfaden, der sich zeigt?
- **Bilanz ziehen – offene Fragen nennen**: Was ist das Ergebnis des Diskurses, welche Fragen sind bzw. müssen offen bleiben?

In einer Sitzung mitzuschreiben, ist in jedem Fall eine kognitiv anspruchsvolle Aufgabe. Sie sollten das Mitschreiben daher auch von dem nächsten Schritt, der Bearbeitung der Mitschrift und Ihrer Gedächtnisinhalte trennen.

Tipp

>> Versuchen Sie nicht während der Mitschrift – also, wenn der Diskurs noch läuft – Ihre Notizen zu be- bzw. überarbeiten, indem Sie sie durchlesen, sprachlich oder formal korrigieren etc.

Schritt 4: Komprimieren und Reproduzieren

Für die Grundlage Ihres Protokolls können Sie Ihre Mitschrift, aber auch alle im Vorfeld oder in der Sitzung selbst verteilten und erarbeiteten Materialien (auch Tafelanschriebe) sowie Ihr Gedächtnis nutzen.

Tipp

>> Es bietet sich an, die Mitschrift so schnell wie möglich, also solange die Inhalte noch frisch erinnert werden, zu bearbeiten. Ergänzen Sie nun aus dem Gedächtnis oder den Materialien wichtige Aspekte in Ihrer Mitschrift, bringen Sie die Inhalte in eine Struktur (die in der Regel von der Sitzungschronologie abweichen wird) und vergleichen Sie ggf. Ihre Mitschrift mit der Ihrer Kommilitonen.

Denken Sie daran – und trauen Sie sich auch, einzelne Inhalte wieder zu streichen, da Sie sie im Rückblick doch nicht als entsprechend relevant einstufen. Anschließend, und das sollte in einem Schritt erledigt werden, sollten die einzelnen Inhalte, die bislang nur als Stichwörter vorliegen, ausformuliert werden. Bei dieser schriftlichen Umsetzung wird sich auch zeigen, inwieweit Zusammenhänge klar sind, wie die Argumentation nachvollzogen wird etc. Sollten Sie also merken, dass Ihnen einiges noch unklar ist, dann könnten Sie jetzt noch einmal recherchieren, Ihre Unklarheiten in der Gruppe besprechen oder den Dozenten fragen.

Schritt 5: Erstellen des Protokolls
Die bislang vorliegenden Texte hatten noch keinen Adressaten (außer Ihnen selbst). Sie müssen jetzt für Ihre Kommilitonen, aber auch für Ihren Dozenten aufbereitet werden. Möglicherweise werden die Textteile jetzt noch einmal neu strukturiert, in der Formulierung überarbeitet und auf Rechtschreibung und Zeichensetzung geprüft. Überprüfen Sie den fertigen Text, den Sie vielleicht ein paar Tage ruhen lassen, auch noch einmal an den Funktionen eines Protokolls. Sie könnten beispielsweise echte Leser bitten, den Text zu lesen. Können diese Sitzungsverlauf und -inhalte nachvollziehen? Kann das Protokoll zum Lernen für eine Prüfung herangezogen werden?

5 Das Thesenpapier

„Und machen Sie zu Ihrem Referat bitte auch ein Thesenpapier!" Den Ausdruck Thesenpapier hören Sie mit Beginn Ihres Studiums vielleicht zum ersten, sicherlich aber nicht zum letzten Mal. Thesenpapiere werden Sie ab jetzt Ihr Studium lang begleiten, sei es, weil Sie selbst welche anfertigen, sei es, weil Sie die Thesenpapiere Ihrer Kommilitonen lesen und für Ihre weitere Arbeit nutzen werden. Thesenpapiere werden ggf. auch noch für mündliche Examensprüfungen eingefordert. Was versteht man nun unter einem Thesenpapier? Das Thesenpapier begleitet einen mündlichen Vortrag, in der Regel ein Referat, und bereitet eine Diskussion vor. Das Thesenpapier richtet sich an die Zuhörerinnen Ihres Referats, für die es die zentralen Informationen zusammenfasst – und damit über die Flüchtigkeit Ihrer mündlichen Redezeit hinaus verfügbar macht – und auf einige wenige zu diskutierende Aspekte (Thesen) zuspitzt.

5.1 Formen und Funktionen

Sie werden in der Literatur, aber auch in der Praxis, unterschiedliche Formen von Thesenpapieren finden. Der Begriff Thesenpapier verweist zunächst nur auf das zentrale Element des Papiers: die Thesen. Darüber hinaus können Thesenpapiere aber auch andere Sachinformationen bereithalten, die Struktur Ihres Referates abbilden oder die Literatur, auf die Sie sich beziehen, nennen. Papiere, die andere Informationen zusammenfassen (wichtige Jahreszahlen, Definitionen, Statistiken), sind im eigentlichen Sinne keine Thesenpapiere mehr, sondern Handouts (oder Handreichungen), werden häufig aber dennoch als Thesenpapiere betitelt.

Tipp

>> Klären Sie vorab, was die Dozentin genau unter Thesenpapier versteht und ob sie ein Muster zur Verfügung stellt, an dem Sie sich orientieren können.

Das Thesenpapier kann sowohl zur **Vorbereitung**, zur **Begleitung** als auch zur **Nachbereitung** Ihres Referates (ggf. Ihrer Examensprüfung) dienen.

5.1.1 In der Vorbereitung: Einstimmung auf das Referat und Vergabe von Aufgaben

Wenn Sie das Thesenpapier bereits vor Ihrem Referat verteilen (beispielsweise eine Sitzung zuvor) oder es auf einer elektronischen Lernplattform ablegen, dann kann das Thesenpapier zur Einstimmung auf Ihr Referat dienen und die potentiellen Zuhörerinnen orientieren. Relevant ist dies auch, wenn in kurzer Zeit viele Referate gehalten werden und es zu Abstimmungsproblemen, zu thematischen Überschneidungen, zwischen den einzelnen Referentinnen kommen könnte. Sie ersparen sich und anderen dann viel Arbeit, wenn auf dem Thesenpapier deutlich vermerkt ist, welche Inhalte Sie präsentieren (werden). Über diese Orientierung hinaus können Sie aber auch Lese-, Denk- und sonstige Vorbereitungsaufgaben vergeben und auf dem Thesenpapier notieren. Das kann dann sinnvoll sein, wenn bestimmte Inhalte vor Referatsbeginn vorbereitet sein sollten.

5.1.2 In der Vortragssituation: Entlastung und Diskussion

Das Thesenpapier soll die Struktur Ihres Referats abbilden. Das hilft den Zuhörerinnen sich während des Vortrags zu orientieren und Ihnen zu folgen. Sinnvoll ist, die Gliederungspunkte nicht nur funktional zu benennen (Einleitung, Hauptteil, Schluss), sondern tatsächlich ‚sprechende' Überschriften zu finden, die bereits Einblick ins Thema liefern. Während Ihres Referates können Sie jeweils die Gliederungspunkte nennen, auf die Sie sich gerade beziehen. Das hilft den Zuhörerinnen sich – auch wenn sie möglicherweise kurz abgeschaltet haben – wieder in die Diskussion einzuschalten.

Auf dem Thesenpapier können wichtige, zentrale Inhalte Ihres Referats festgehalten werden, die Sie den Gliederungspunkten jeweils zuordnen.

Tipp

>> Überlegen Sie sich vorher, was Sie, wären Sie in der Situation, mitschreiben würden? Was sind die Kernaussagen, was die zentralen Aspekte, was ist Stand der Forschung, welche Fragen sind noch offen? Aber überfrachten Sie das Thesenpapier nicht. Be-

> denken Sie, das Thesenpapier sollte nicht in Konkurrenz zu Ihrem Referat treten. Sind zu viele (und vielleicht noch über den Vortrag hinaus) relevante Informationen genannt, könnten die Zuhörerinnen dazu neigen, lieber das Thesenpapier zu lesen als Ihnen zuzuhören.

Wenn das Thesenpapier auch stilistisch zu weit vom mündlichen Referat entfernt ist, werden die Zuhörer vergeblich versuchen, die gehörten Inhalte auf dem Thesenpapier wieder zu finden. Das lenkt die Aufmerksamkeit des Plenums von Ihrem Vortrag ab. Das Thesenpapier wird dann nicht zu einer gewünschten Entlastung, sondern vielmehr zu einer Belastung Ihres Vortrags. Auch sollten Sie immer noch etwas Platz für Notizen der Zuhörer lassen, die Inhalte ergänzen mögen.

> **Tipp**
>
> Überlegen Sie sich, wann Sie das Thesenpapier austeilen. In jedem Fall wird es zunächst etwas Unruhe geben und die Zuhörer werden zumindest einen kurzen Blick auf das Thesenpapier werfen. Kalkulieren Sie diese Unruhe in Ihre Zeitplanung mit ein. Achten Sie auch darauf, wie Sie das Thesenpapier austeilen. Wenn Sie mehr als ein loses Blatt verteilen: Schicken Sie nie zwei unterschiedliche Blätter in unterschiedliche Richtungen. Das gibt nur unnötige Unruhe. Lassen Sie sich ruhig von Kommilitoninnen oder dem Dozenten beim Austeilen helfen.

Dem Referat folgt eine Diskussion. Eine solche Diskussion sollte von Ihnen als Referent vorbereitet werden. Dazu bieten sich vor allem die Thesen an. Sie könnten als Einstieg auch darauf verweisen, wie Sie selbst zu den Thesen gekommen sind, dass Sie sich beispielsweise bei einer bestimmten Lektüre oder unter einem bestimmten Eindruck entwickelt haben. Eine solche Offenlegung des eigenen Denk- und Arbeitsprozesses ist auch für die Zuhörer interessant und ermöglicht ihnen, Ihren Arbeitsstand Schritt für Schritt nachzuvollziehen.

5.1.3 In der Nachbereitung: Dokumentation und Service

Ein Referat ist schnell vorbei. Was bleibt ist ein mehr oder weniger guter Eindruck, ein paar Notizen, die manchmal kryptisch anmuten, und hoffentlich ein aussagekräftiges Thesenpapier.

Tipp

>> Behalten Sie im Kopf: Möglicherweise wird Ihr Thesenpapier für die Zuhörerinnen noch zu einem späteren Zeitpunkt wichtig, wenn sie es beim Lernen für eine Abschlussklausur heranziehen.

Sie sollten also die Informationen auf Ihrem Thesenpapier immer noch einmal auf Ihre Richtigkeit prüfen, klären, ob Sie bei dem Zitat die richtige Quelle angegeben haben, ob die Jahreszahl wirklich stimmt, ob die Prozentangabe korrekt ist. Sie können Ihren Kommilitonen aber auch weiteren Service bieten. Sie können auf dem Thesenpapier – und das vorzugsweise am Ende des Textes – beispielsweise auf Literatur verweisen, die Ihrer Einschätzung nach einschlägig und / oder besonders gut zu rezipieren ist. Sie können auch Materialien nennen, auf die Sie im Internet gestoßen sind, und die sie empfehlen würden. Geben Sie bei Internetquellen aber immer auch das Datum an, an dem Sie das Dokument im Internet gefunden haben. Insgesamt zählt weniger die Anzahl an Hinweisen, die Sie geben – ein Thesenpapier sollte nicht zu lang sein – sondern vielmehr die Qualität Ihrer Empfehlungen.

5.2 (Sprachliche) Gestaltung

Das Thesenpapier erlaubt aufgrund seiner Textfunktionen eine sprachliche Verdichtung und Verknappung, d.h. anders als bei anderen Textsorten im Studium können Sie hier Inhalte verschlagworten (Stichworte). Lediglich bei den Thesen sollten Sie sich bemühen, vollständige Sätze zu formulieren. Bedenken Sie aber auch, dass Stichworte die Gefahr bergen, un- oder zumindest mehrfach verständlich zu sein. Erläutern Sie also im Referat genau, was Sie jeweils meinen.

Das Thesenpapier besteht aus drei Elementen: dem ‚**Kopf**‘, dem ‚**Bauch**‘ und den ‚**Füßen**‘. Diese Bezeichnungen, die etwas unüblich sind, helfen, die Position der Elemente auf dem Thesenpapier nachzuvollziehen. Der Kopf verweist auf den oberen, der Bauch auf den mittleren und die Füße auf den unteren Teil des Blattes.

Im **Kopf des Thesenpapiers** vermerken Sie den Titel der Veranstaltung, den Namen des Dozenten, das entsprechende Semester, Ihren Namen (idealerweise mit E-Mail Adresse, damit man Sie erreichen kann und Matrikelnummer), das Datum und den Titel des Vortrags. Diese Angaben erlauben, das Thesenpapier auch später noch zuordnen zu können. Für die Dozentin ermöglichen die Angaben eine klare Identifikation der Referenten.

Der **Bauch des Thesenpapiers** ist für zwei Elemente reserviert, ggf. die Referatsstruktur sowie die Thesen, die Sie aufstellen. **Thesen** zeigen Positionen an, die man einnehmen, gut begründen und mit Argumenten vertreten kann. Thesen sind also Behauptungen, die fundiert sind. Wenn die Thesen nur den weitgehend etablierten Forschungsstand wiedergeben, dann verlieren sie ihre Funktion – sie sollen ja Ausgangspunkt einer wissenschaftlichen Diskussion bzw. Kontroverse sein. Thesen sollten also zumindest immer soweit strittig sein, dass fruchtbar über sie diskutiert werden kann. Thesen sind also strittige Annahmen, die je nach Position, wissenschaftlichem Interesse und Hintergrund, Argumenten etc. variieren können.

Sprachlich werden Thesen in der Form von Aussagen als vollständige Sätze formuliert. Für die Rezeption in einer Seminarsituation ist es sinnvoll, wenn die Thesen nicht zu lang, sondern knapp und entsprechend fokussiert formuliert sind. Für die Zuhörer bieten Sie dann bereits eine Reihe möglicher Verstehensangebote. Ein Beispiel für eine solche These, die zwar verständlich ist, aber dennoch diskutiert werden kann, ist folgende: *Eine Jugendsprache gibt es nicht*. Diese These erlaubt unterschiedliche Deutungen, je nachdem, wie sie in der Situation betont wird. Liegt beispielsweise die Betonung auf eine, dann machen Sie deutlich, dass es möglicherweise mehrere, verschiedene jugendsprachliche Stile gibt. Legen Sie die Betonung auf Jugend, dann zeigen Sie an, dass der Begriff selbst unscharf ist und es zunächst notwendig ist zu klären, was mit Jugend genau gemeint ist. Betonen Sie schließlich -sprache, dann geht es Ihnen darum zu diskutieren, ob die sprachlichen Merkmale, die gemeinhin mit Jugend in Verbindung gebracht werden, ausreichen, um von einer eigenen Sprache zu sprechen oder ob es sich nicht vielmehr um eine Varietät handelt. In allen drei Fällen müssten Sie weitere Erklärungen nachliefern (zu Stil, Jugend und Varietät) und Belege für ihre Annahme(n) geben. Auch beim zweiten Beispiel wird es notwendig sein, die These zu erläutern und Ihre Überlegungen zu unterfüttern: *Phonologische Bewusstheit ist die wichtigste Vorläuferfähigkeit*. Sie müssten ggf. zunächst klären, was phonologische Bewusstheit bedeutet, wofür sie die zentrale Vorläuferfähigkeit ist und schließlich, welche Belege Sie dafür anführen können.

Tipp

>> Übernehmen Sie Thesen nicht direkt aus der Fachliteratur. Sie setzen dann meist zu viel an Wissen voraus bzw. sind zu abstrakt. Wenn Sie die Thesen selber formulieren, können Sie auch eigene Akzente setzen.

Eigene Thesen zu formulieren ist auch eine gute Formulierungs- und Verstehensübung. Wenn Sie sich bei der Formulierung der These zu eng an einen Ausgangstext halten, dann erscheint Ihnen die These in dem Originaltext möglicherweise sinnvoll, sprachlich angemessen und auch entsprechend klar, es heißt dann aber nicht, dass es Ihnen in der Referatssituation ähnlich ergeht. Eine These wie die folgende *Abstrakte grammatische Konstruktionen sind Abstraktionen aus konkreten Konstruktionen* verlangt von den Zuhörenden eine hohe Aufmerksamkeit. Die Konzentration für die Darstellung der Position könnte fehlen. Es ließe sich also einfacher und zugleich etwas pointierter formulieren: *Grammatische Konzepte basieren auf konkreten Verwendungsweisen von Sprache.*

Seien Sie nicht frustriert, wenn Ihnen die Formulierung von Thesen nicht gleich gelingt. Gute Thesen zu formulieren ist nicht nur schwierig, es verlangt den Überblick über das Thema – was ist überhaupt strittig in der Diskussion – und wissenschaftliche Formulierungspraxis, die sich erst im Verlauf des Studiums einstellt.

Die **Füße des Thesenpapiers** dienen für Hinweise auf die verwendete Literatur, weitere Materialien und sonstigen Service, den Sie bieten wollen. Wie in allen wissenschaftlichen Texten sollten Sie sich um eine sorgfältige Bibliographie (Literaturangaben) bemühen. Das ist dann besonders wichtig, wenn die Zuhörerinnen nach dem Referat noch einmal die genannte Literatur sichten möchten.

Tipp

>> Das Thesenpapier sollte nicht zu lang sein. Eine Länge von 1-2 Seiten bietet sich als grobe Orientierung an.

5.3 Beispiele

Sie finden im Anschluss zwei recht unterschiedliche Beispiele für Thesenpapiere. Gelungen ist bei beiden Beispielen, dass die Form eingehalten ist und zwischen Kopf und Bauch (im ersten Beispiel) sowie Kopf, Bauch und Fuß (im zweiten Beispiel) unterschieden wird.

Universität zu Köln
Institut für Deutsche Sprache und Literatur II
Seminar „Grammatik im Gespräch"
Dr. Kirsten Schindler

Referat „Schulgrammatik"
Teil I (Grundschule)

30.04.2010

1. **Warum und wozu Grammatik in der Grundschule?**
   - Entdeckung einer Systematik
   - Handeln mit konkreten Sprachgegebenheiten (spielen, experimentieren, operieren)
   - verständliche Kategorien entwickeln, die beim weiteren Umgang mit Grammatik unterstützen
2. **Welche Grammatik in der Grundschule?**
   - 3 Ebenen: Buchstaben und Laute, Wörter und Wortarten, Sätze und Satzteile (Barnitzky)
   - Die Bildungsstandards integrieren die erste und zweite Ebene und gehen von einem Grammatikverständnis auf den großen Ebenen Wort und Satz aus (Bildungsstandards).
3. **Das Sprachbuch des Lehrwerkes „Kunterbunt"**
   - besteht aus dem Sprachbuch für SuS, einem Arbeitsheft für SuS und einem Lehrerband mit didaktischen Kommentaren
   - integriert Grammatik unter dem Stichwort „Sprache untersuchen und reflektieren", der Komplex „Rechtschreibung" wird gesondert aufgeführt, beide Themen werden jedoch integrativ behandelt
   - nutzt folgende grammatische Begriffe

Vereinfachte	Notwendige Fachtermini
• W-Wörter (Fragepronomen) • Wortkarten (Satzbautafeln) • verändern von Wörtern (Konjugieren/Deklinieren) • Zusammengewachsene Selbstlaute (Diphtong)	• Selbstlaute • Nomen, Artikel, Verb, Adjektiv • Einzahl, Mehrzahl

   - Die Erarbeitung grammatischer Phänomene wird nach folgenden Dreischritt empfohlen:
     - Vor-Begriffliche Hinführung

  - Einführung des Terminus
  - Übung
- Im Anhang jedes Buches findet sich eine übersichtliche und zusammenfassende Darstellung aller in diesem Sprachbuch behandelten Phänomene. Diese können zur Vertiefung und Übung, zum Nachschlagen oder auch zur gemeinsamen Erarbeitung eines Themas genutzt werden, falls dieses im Buch übersprungen worden ist.

Beispiele:
- Anhang „Das Verb"
- Vor-Begriffliche Hinführung
- Einführung des Terminus

4. **Weitere Arbeitsmittel zum Grammatikunterricht in der Grundschule**
   - Heiner Müller: Grundwissen Grammatik – 3. Schuljahr
     - bleibt beim Schema der Bildungsstandards, also Wortlehre (besonders intensiv: Nomen und Verben) und Satzlehre
     - dient der Übung und Vertiefung einzelner Teilbereiche
   - Heinz Risel: Grammatik in der Grundschule - so geht's. Sachanalyse und Unterrichtsvorschläge mit Kopiervorlagen.
     - bietet einen theoretischen Teil für LuL (u.a. Reflexion zu grammatischen und didaktischen Termini)
     - umfasst mehr Themen (u.a. Laut-Buchstaben-Beziehung, Wortbildung, Wortarten, Wortfelder, Redewendungen, Satz, Sprache und ihr Funktion)

Das erste Beispiel integriert die Thesen stärker in die Gliederung, das zweite Beispiel unterscheidet deutlich zwischen Gliederung und Thesen.

Mündliche Prüfung im Fach Deutsch
Prüfling: XXX
Prüfende: Dr. Kirsten Schindler// Professor Dr. phil., M.A. Erich Schön
Datum der Prüfung: 03.05.2010
Uhrzeit der Prüfung: 14:30 Uhr
Kontakt: XXX

THEMA: SCHRIFTSPRACHERWERB

Gliederung:

1. Begriffserklärungen Schriftspracherwerb

2. Linguistische Grundlagen
2.1 Phon, Phonem, Graph, Graphem
2.2 Phonem- Graphem- Korrespondenz
2.3 Prinzipien der Schrift

3. Entwicklungsmodelle des Schriftspracherwerbs
3.1 Das Modell von Uta Frith
3.2 Das Modell von Klaus B. Günther
3.3 Das Modell von Gerheid Scheerer- Neumann
3.4 Bedeutung und Kritik der Modelle

4. Phonologische Bewusstheit
4.1 Definitionen
4.2 Zusammenhang von phonologischer Bewusstheit und Schriftspracherwerb

5. LRS
5.1 Definitionen Lese-Rechtschreibschwäche/ Lese-Rechtschreibschwierigkeiten/ langsame Lerner
5.2 Schwierigkeiten rechtzeitig erkennen und gezielt fördern

Thesen:
1. Alle Lehrer sollten grundlegende Kenntnisse im Schriftspracherwerb haben, damit sie mögliche Fehler der Schüler besser fördern können.
2. LRS ist ein Problem sozialer Unterschichten.
3. Am Ende der Grundschulzeit sollte ein zentrales Feststellungsverfahren stehen, welches die schriftsprachlichen Kompetenzen der Schüler beurteilt.

Literatur:

Dehn, Mechthild (20065): Zeit für die Schrift. Lesen lernen und schreiben können. Berlin. Cornelsen.

Günther, Klaus B. (1986): Ein Stufenmodell der Entwicklung kindlicher Lese- und Schreibstrategien. In Brügelmann, Hans (Hgg.): ABC und Schriftsprache: Rätsel für Kinder, Lehrer und Forscher. Konstanz: Faude, S. 32-53.

Günther, Herbert (2007): Schriftspracherwerb und LRS. Methoden, Förderdiagnostik und praktische Hilfen. Weinheim: Beltz, 1-57.

Kirschhock, Eva-Maria (2004): Entwicklung schriftsprachlicher Kompetenzen im Anfangsunterricht. Bad Heilbrunn: Klinkhardt, 35-65.

Scheerer-Neumann, Gerheid (2003): LRS und Legasthenie. Begriffliche Klärungen und inhaltliche Implikationen. In: Nagele, Ingrid M./ Valtin, Renate (Hgg.): LRS- Legasthenie in den Klassen 1-10. Handbuch der Lese-Rechtschreib-Schwierigkeiten, Bd. 1 Grundlagen und Grundsätze der Lese-Rechtschreib-Förderung. Weinheim: Beltz, 32-41.

Scheerer-Neumann, Gerheid (2003): Rechtschreibschwäche im Kontext der Entwicklung. In: Nagele, Ingrid M./ Valtin, Renate (Hgg.): LRS- Legasthenie in den Klassen 1-10. Handbuch der Lese-Rechtschreib-Schwierigkeiten, Bd. 1 Grundlagen und Grundsätze der Lese-Rechtschreib-Förderung. Weinheim: Beltz, 45-65.

Schründer-Lenzen, Agi (20072): Schriftspracherwerb und Unterricht. Bausteine professionellen Handlungswissens. Wiesbaden: Verlag für Sozialwissenschaften.

Topsch, Wilhelm (1998): Grundkompetenz Schriftspracherwerb. Methoden und handlungsorientierte Praxisanregungen. Weinheim: Beltz.

Für das erste Verfahren spricht, dass der Zuhörer immer dann und dort die These findet, an der sich auch der Vortrag befindet. Für das zweite Verfahren spricht, dass die These deutlich sichtbar wird und nicht in einer Gliederung verschwindet. Zu den Thesen des zweiten Beispiels ist noch zu ergänzen, dass die Formulierung „Fehler fördern“ ungünstig ist, es geht darum, Kompetenzen zu fördern und/oder Fehler zu vermeiden.

5.4 Das Thesenpapier schreiben – Schritt für Schritt

Die größte Schwierigkeit beim Erstellen eines Thesenpapiers ist die Formulierung der Thesen. Zugleich sind die Thesen das Herzstück des Thesenpapiers. Thesen zu formulieren, sollte daher geübt werden. Das folgende Vorgehen in sieben Schritten eignet sich zur Arbeit in kleineren Gruppen, es lässt sich auch in Seminare integrieren.

Schritt 1: Wählen Sie einen für ein Referat und/oder eine mündliche Prüfung zentralen Text aus. Für die folgende Übung beziehe ich mich auf einen Text aus Spiegel Online, der im März 2011 erschienen ist, da der Text nicht zu komplex ist und nicht zu viel Wissen voraussetzt.

Schritt 2: Lesen Sie den – in Ihrer Gruppe ausgewählten – Text sorgfältig. Sie können dazu auch auf die einzelnen Schritte zurückgreifen, die im Kapitel Exzerpt (Kapitel 3.5) beschrieben sind. Machen Sie sich also zunächst klar, welches Thema der Text hat, aktivieren Sie anschließend Ihr Vorwissen zum Thema und lesen Sie den Text dann Schritt für Schritt.

Zu unserem Beispiel: Der Text ist überschrieben mit „Globales Ranking. Welche Unis Akademiker am tollsten finden". Thema des Textes sind Hochschulrankings. Im ersten Teil des Textes geht es um die Ergebnisse, aber auch die angewandten Untersuchungsmethoden des „Times"-Rankings. Deutsche Universitäten, so zeigt sich auch beim letzten Ranking, sind nur wenige in den Top 100 vertreten. Das Rankingverfahren, so der Text weiter, ist seit letztem Jahr deutlich modifiziert worden, da es keinen wissenschaftlichen Standards entsprach. Welche Relevanz Platzierungen in Hochschulrankings haben, aber auch, welche Kritik an ihnen sinvollerweise geübt werden kann, wird am Ende des Textes thematisiert.

Schritt 3: Legen Sie den Text nun zur Seite. Formulieren Sie aus dem Gedächtnis zwei bis drei Thesen zu dem Text und entwickeln Sie zu jeder These eine kurze Argumentation, die für diese These spricht. Diese Argumentation muss sich nicht ausschließlich auf den Text beziehen, sondern kann auch auf Ihrem erweiterten Wissen basieren. Es hilft, eine innere Distanz zu dem Text aufzubauen und aus möglichen Aspekten einige, wenige auszuwählen.

Zu dem vorliegenden Beispiel könnten die Thesen möglicherweise so lauten:

These: Hochschulrankings suggerieren objektive Messergebnisse, die der Qualität der Messverfahren nicht entsprechen muss.
Hochschulrankings werden mit quantitativen Auswertungen belegt (Anzahl, Prozente), die Ergebnisse entsprechend visualisiert, damit wird Objektivität markiert. Nicht immer sind aber Auswertungsmethoden transparent, zum Teil ist die Zahl der Probanden zu klein, um verlässliche Ergebnisse zu produzieren.

These: Hochschulrankings werden in ihrer Aussagekraft überschätzt.
Hochschulrankings basieren auf der Analyse unterschiedlicher Faktoren. Der Faktor Forschungsleistung kann für eine Studienwahl weniger entscheidend sein als der Faktor Betreuungsverhältnis, Ausstattung der Institute, Qualität der Bibliothek; der Faktor Renommee basiert nicht immer auf aktuellen Daten, sondern kommt vor allem historisch etablierten Universitäten zugute.

These: Hochschulrankings werden (immer noch) in ihren Folgen unterschätzt.
Bislang ist der Zusammenhang zwischen Hochschulranking, Studierendenbewegung, Arbeitsplatzneigung der Lehrenden, Bewilligung von Projekten durch Förderungsinstitutionen nicht quantifiziert. Die Zunahme an entsprechenden Publikationen jedes Jahr und die hohen Auflagen der entsprechenden Zeitschriften u.a. lassen aber auf eine breite Käuferschicht schließen. Besonders Studienanfängerinnen und Studienanfänger werden sich von solchen Empfehlungen leiten lassen.

Schritt 4: Sie können jetzt wieder auf den Ausgangstext zurückgreifen. Fragen Sie sich: Sind die Thesen wirklich mit dem Text zu belegen oder bräuchten Sie andere, weitere Informationen? Bezogen auf obiges Beispiel wäre es beispielsweise denkbar, dass Sie sich für das Stichjahr 2011 die Zahl der Hochschulrankings in Deutschland beschaffen. Sie könnten auch eine kleine Umfrage unter Ihren Freunden zu dem Thema führen.

Überarbeiten Sie anschließend Ihre Thesen und prüfen Sie Ihre Argumente.

Schritt 5: Formulieren Sie nun Ihr Thesenpapier. Notieren Sie oben den ‚Kopf', nennen Sie das Thema, formulieren Sie die Thesen und lassen Sie anschließend die Literatur folgen.

Schritt 6: Jetzt sind Ihre Kommilitonen gefragt, die Ihr Publikum darstellen. Teilen Sie Ihr Thesenpapier aus. Stellen Sie jede These kurz vor und argumentieren Sie für die These. Ihr Plenum notiert sich weitere Argumente und/oder Gegenargumente. Diskutieren Sie die Thesen anschließend in der Gruppe. Geben Sie dem Vortragenden ein Feedback: Sind die Thesen überzeugend und strittig genug? Hat er oder sie seine bzw. ihre Position deutlich gemacht?

Schritt 7: Ggf. überarbeiten Sie nun Ihre Thesen noch einmal oder wiederholen Sie das Vorgehen mit einem anderen Beispiel.

6 Der Essay

Der (oder auch das) Essay ist die möglicherweise schillerndste der hier beschriebenen akademischen Textsorten. Das mag auch daran liegen, dass der Essay häufig gar nicht erst mit dem wissenschaftlichen Schreiben in Verbindung gebracht wird, sondern eher als journalistische, politische oder literarische Gattung wahrgenommen wird; so werden Essays in vielen Ratgebern zum wissenschaftlichen Schreiben gar nicht thematisiert. Das deckt sich auch mit der Verwendung des Begriffs im Buchsektor. Gibt man beispielsweise den Begriff „Essay" als Suchbegriff bei Amazon ein, dann sind die ersten Treffer literarische Essays des Dichters Ralph Waldo Emerson, philosophische Essays von Walter Benjamin, politische Essays von Albert Camus oder Essays über Kunst von Wassily Kandinsky. Wenn Essays doch als Form wissenschaftlichen Schreibens (in der Hochschule) verwendet werden, dann gelten sie gerade bei den Studierenden als stärker subjektiv, persönlicher und freier in der Gestaltung als andere wissenschaftliche Texte. Im Vergleich zu Hausarbeiten sind sie häufig beliebter, da sie kürzer sind und die Fragestellung oftmals schon vorgegeben ist. Das Schreiben von akademischen Essays ist in den geisteswissenschaftlichen Disziplinen unterschiedlich gut verankert: In Studienfächern wie der Philosophie, der Pädagogik, den Sozial- oder Literaturwissenschaften stellen Essays übliche Schreibaufgaben dar. In der Anglistik sind sie häufig sogar die zentrale Form wissenschaftlicher Textproduktion. In empirisch angelegten Sprachwissenschaften oder der Psychologie kommen Essays dagegen kaum vor.

6.1 Formen und Funktionen

Der Begriff Essay entstammt dem Französischen *essayer* (versuchen, probieren) bzw. *essai* (Versuch, Probe) und bezieht sich auf das vulgärlateinische *exagium* (Wägen). Ein Essay ist ein Versuch, sich auf experimentelle Art einem Gegenstand zu nähern und diesen aus verschiedenen Perspektiven zu betrachten. Ein solcher Versuch kann durchaus scheitern. Die Qualität eines Essays wird daher auch nicht vom Ergebnis abhängen, sondern vom Weg, um zu diesem Ergebnis zu gelangen. Eng mit der Entstehung der Textsorte verknüpft ist der Name **Michel de Montaigne** (1533-1592). Der französische Autor setzt sich in seinen Überlegungen (essais) kritisch mit den damals herrschenden Annahmen auseinander, kommentiert, kritisiert und subjektiviert die geltenden Befunde. In seinen Essais tritt er als Fragender auf, der nicht plant, Lösungen oder Antworten zu finden, sondern vielmehr die relevanten Fragen überhaupt erst zu stellen. **Francis Bacon** (1561-1626) ergänzt die Form des Essays um stärker argumentierende, deduktive Handlungsmuster. Der Essay entwickelt sich in der Folge nicht nur in Frankreich und England zum Erfolgsmodell und dient Autoren wie Philosophen zur Auseinandersetzung mit literarischen Formen und philosophischen Problemen. Dieser Erfolg resultiert auch daher, dass die Textsorte stilistische Freiheiten erlaubt.

Es ist schwierig, den akademischen Essay, der neben Gemeinsamkeiten mit diesen Ursprungsformen auch Unterschiede zeigt, genau zu definieren; dies liegt auch daran, dass es unterschiedliche Formen von Essays gibt. Unterschiedlich ist beispielsweise die Gewichtung des Inhalts. Während der literarische Essay vor allem an Stil und Form gemessen wird, stehen beim akademischen Essay durchaus Inhalt und Aussage im Fokus. Studierende, die danach gefragt wurden, was sie unter einem Essay verstehen, nutzen am häufigsten den Ausdruck ‚Aufsatz': Der Essay sei eine „Art Aufsatz", eine „aufsatzähnliche Zusammenfassung" oder eine „aufsatzartige Abhandlung". Sie beschreiben auch, dass der Begriff in der Hochschule durchaus unklar und teilweise widersprüchlich verwendet wird. Das lässt sich nicht als Unvermögen der Lehrenden erklären, sondern liegt in der großen Bandbreite möglicher Essayformen. Unterschieden wird bei akademischen Essays zwischen

- dem **literaturkritischen Essay:** eine Fragestellung wird an einem literarästhetischen Gegenstand (z.B. Roman, aber auch Film) diskutiert,
- dem **beschreibenden Essay:** ein Gegenstand, ein Objekt, eine Szene wird unter einem Blickwinkel beschrieben,
- dem **reflektierenden Essay:** eigene Einschätzungen und Interpretationen zu einem breit angelegten Thema werden dargestellt,
- dem **argumentativen Essay:** Pro- und Contra-Argumente werden positioniert und miteinander diskutiert.

Die sprachlichen Mittel der einzelnen Essayformen überschneiden sich durchaus, auch im literaturkritischen Essay wird reflektiert, in einem reflektierenden Essay argumentiert. Als kleinster gemeinsamer Nenner lässt sich ein akademischer Essay als **kurzer, problembezogener Text charakterisieren, in dem argumentiert, beschrieben, reflektiert wird.** Die Beschränkung im Umfang geht mit einer inhaltlichen Fokussierung einher. Anders als bei der Hausarbeit geht es beim Essay nicht darum, den Gegenstand in seiner Komplexität zu erfassen, sondern vielmehr darum, einzelne Aspekte herauszugreifen. In einem Essay soll kein möglichst umfassendes Wissen präsentiert werden, vielmehr sollen **neue Ideen** bzw. Einsichten, die aus **der eigenen Auseinandersetzung** mit dem Gegenstand resultieren, vorgestellt werden. Um auf solche Einsichten zu gelangen, kann es auch helfen, die Gedanken in eine andere Richtung zu lenken und damit neue Gedankenpfade zu betreten. Stadter (2003) beschreibt den Essay als die akademische Textform, die eingefahrene Diskurse aufbrechen und Grenzen sprengen kann. Ein Essay kann notwendig sein, um:

- den Wissenstransfer zu Nicht-Experten herzustellen,
- (Handlungs-)Maximen für die Zukunft zu formulieren,
- sich vom Gegenstand zu distanzieren,
- die bisherige Forschungstätigkeit kritisch zu evaluieren,
- neue Forschungsarbeiten, Methoden etc. zu initiieren,
- die Zusammenarbeit mit anderen Disziplinen anzuregen und
- sich selbst in einer Debatte zu positionieren.

Übung

Stellen Sie sich Ihren Gegenstand (Fragestellung, Aufgabe), den Sie zu bearbeiten haben, einmal unter zwei Perspektiven vor. Stellen Sie sich zunächst vor, Sie würden ihn unter ein Mikroskop legen, damit würde nur ein einzelner, sehr kleiner Ausschnitt sichtbar, der aber in unglaublicher Schärfe. Verändern Sie anschließend das Bild Ihrer Vorstellung. Legen Sie Ihren Gegenstand nun auf den Boden und besteigen Sie selbst einen Hubschrauber, der über dem Gegenstand kreist, was sehen Sie in 10, 50, 100 oder 1000 Meter Entfernung?

Essays sind in der Regel deutlich **leserbezogener** als andere akademische Texte. Leserbezogen heißt, dass der Adressat zum Mitvollzug der Gedanken eingeladen ist, die Argumentation quasi vor seinen Augen ausgebreitet wird. Der Leserbezug kann durch Gliederungssignale, aber auch durch direkte Adressierungen („Stellen Sie sich vor...“) umgesetzt werden. Auch sorgen ein präziser Umgang mit Begriffen – und zwar nur den notwendigen Fachbegriffen – und eine klare Argumentation für eine hilfreiche Lektüreunterstützung.

Tipp

Stellen Sie sich als den Leser Ihres Textes nicht Ihren Dozenten vor, sondern einen fachlich vorgebildeten, interessierten, aber durchaus skeptischen Zeitungsleser. Ein solcher Leser kennt den Ausgangstext oder auch den Film/ den Gegenstand, auf den Sie sich beziehen, die Quelle, die Sie anführen, er kennt aber nicht Ihre Überlegungen und Ihre spezifische Herangehensweise.

Nicht nur der Leser ist im Essay präsenter, auch der **Autor** tritt deutlicher in den **Vordergrund**. Anders als im ansonsten üblichen Wissenschaftsstil, der möglichst unpersönlich erscheinen will, geht es im Essay gerade darum, dass Sie als Autorin Position beziehen und eine eigene Perspektive auf einen Gegenstand entwickeln. Aber Achtung: Autor- und Leserbezug sind kein Freifahrtschein für Geschmacksurteile und umgangssprachliches Schreiben. Formulierungen wie „Gentechnik finde ich doof“ zeugen gerade nicht davon, dass Sie sich intensiver mit der Problematik auseinandergesetzt haben. Wenn Sie aber deutlich machen, dass es Ihnen bei der Gentechnik-Debatte ausschließlich um religiöse Fragen geht, da Sie dies begründen können, vielleicht sogar einen persönlichen Bezug dazu haben, so ist das im Essay akzeptabel, in einer Hausarbeit begründungspflichtig.

6.2 (Sprachliche) Gestaltung

Essays gelten als ‚freier‘, ‚ungezwungener‘ als andere akademische Texte. Sie erlauben auch stärker erzählende, lyrische oder dramatische Passagen, selbst ironische oder humoristische Elemente sind möglich. Eine solche stilistische Freiheit sollte sich aber nicht in Geschwätzigkeit oder unnötige Exkurse umkehren. Auch beim Essay gilt als Stilideal eine möglichst klare, eindeutige und sachliche Ausdrucksweise. Wichtiges Stilelement sind reflektierende Passagen, auch solche, die die Fragestellung (auch ihre Relevanz) selbst betreffen.

In **angelsächsischen Ländern** ist der Essay als zentrale Textsorte in Schule und Hochschule etabliert. Entsprechend gut ist die didaktische Aufbereitung, entsprechend klar sind die zu vermittelnden Kompetenzen im Essayschreiben formuliert. Bezogen auf die Struktur eines Essays gelten – beispielsweise bei einem durchschnittlich langen Essay (5-10 Seiten, 1.500-3.000 Worte):

– eine Einleitung in Form eines kurzen Absatzes,
– der Hauptteil in Form von 4-5 komplexeren Absätzen,
– der Schluss wiederum in Form eines kurzen Absatzes.

Ein Absatz ist dabei als eine gedankliche Einheit zu verstehen, die aus mehreren Sätzen besteht. Drei Bestandteile sind typischerweise in einem solchen Absatz vertreten, das Thema des Absatzes (topic sentence), die Ausgestaltung des Themas (development) durch erklärende, analysierende, qualifizierende oder definierende Aussagen und die Illustration des Themas (illustration) über Beispiele, Belege, indirekte und direkte Zitate.

Die **kurze Einleitung** zwingt den Schreiber auf den Punkt zu kommen. Denn alles, was im Essay diskutiert wird, muss für die Fragestellung relevant sein. Mit der Einleitung wird die Fragestellung konkretisiert, präzisiert und bearbeitbar gemacht. Als Schreiberin müssen Sie dazu die zentralen Stichworte der Fragestellung herausarbeiten. Sie müssen klären, was Ihr Gegenstand ist und was Sie mit ihm machen wollen, ob sie ihn vor allem beschreiben oder diskutieren, ob sie darüber reflektieren oder dazu Pro- und Contra-Argumente aufführen wollen. Da der Essay in der Regel kurz oder sehr kurz ist, muss die **Fragestellung unmittelbar** (also ohne Umwege), **explizit** (möglicherweise auch dadurch, dass sie wiederholt wird) und **exklusiv** (also ohne Nebendiskurse zu führen) diskutiert werden. Die Vorarbeit dafür müssen Sie in der Einleitung erledigen.

Im **Hauptteil** des Essays leisten sie die eigentliche ‚Haupt'arbeit, nämlich, z.B. These(n) zu diskutieren, zu explizieren und zu begründen. Auch im Essay müssen Sie Belege anführen. Auch hier können Sie wissenschaftliche Literatur zitieren oder paraphrasieren. Die Literaturbasis ist dabei in der Regel schmaler als in Hausarbeiten. Denn zu viel Literatur kann Sie auch daran hindern, eigene Überlegungen anzustellen.

Tipp

Lassen Sie sich auch schon bei der Lektüre von folgenden Fragen leiten: Was ist für mich neu? Was erstaunt mich? Was verblüfft mich? Was fehlt mir? Was macht mich wütend? Was begeistert mich? Was fällt mir als besonders wichtig auf? Sie schaffen es so, einen eigenen Bezug zum Thema herzustellen.

Unabhängig von der Essayform und der Fragestellung, die Sie bearbeiten, bedenken Sie, der Essay toleriert deutlich weniger Exkurse, Rand- oder Nebenbemerkungen als beispielsweise Seminararbeiten. Sie haben auch nicht die Möglichkeit, wie Sie Ihnen beispielsweise Fußnoten in Seminararbeiten bieten, Nebendiskurse entsprechend zu verlagern. Disziplinieren Sie sich und greifen Sie wirklich nur einige, wenige, dabei aber zentrale Aspekte auf.

Tipp

Vermeiden Sie formelhafte Formulierungen wie: In diesem kurzen Essay würde eine solche Diskussion den Rahmen sprengen. Den Leserinnen ist durchaus bewusst, dass der Umfang eine solche Beschränkung darstellen kann.

Auch die **Zusammenfassung** ist im Essay eher **kurz**. Die Einleitung sollte nicht noch einmal wiederholt werden, dennoch kann ein Gedanke aufgegriffen werden. Ziel der Zusammenfassung soll es sein, die verschiedenen Argumentationsstränge des Hauptteils zusammenzubringen.

6.3 Beispiele

Im Folgenden finden Sie Ausschnitte aus zwei Essays. Der erste Essay stammt von Manuel Eder. Der Essay wurde bei der österreichischen Philosophieolympiade 2006/07 (Landeswettbewerb Wien) als einer der Gewinneressays ausgezeichnet. In der oben beschriebenen Einteilung lässt er sich als *reflektierender Essay* charakterisieren. Das zweite Beispiel, das Richard Aczel in seinem Buch als idealtypischen Essay vorstellt, ist typisch für einen *literaturkritischen Essay*.

Was ist der Tod?

„Was ist der Tod?“, fragte Francine Patterson ihren Schützling. Koko überlegte, dann deutete sie auf drei Zeichen: „Gemütlich – Höhle – auf Wiedersehen“.
Koko ist eine Gorilla-Dame, die angeblich ca. 2000 englische Wörter versteht und einen Intelligenzquotienten von 95 haben soll. Bericht in: Die Zeit, 12.5.2005[1]

Ja, was ist der Tod?
Das ist eine schwierige Frage. Während meines noch nicht allzu langen Lebens habe ich ein paar Techniken gelernt, mit schwierigen Fragen umzugehen. Ich kann mir zum Beispiel anschauen, was andere Leute zu dieser schwierigen Frage sagen (würden), und ob sie eventuell eine Antwort haben, die zumindest sie selbst zufrieden stellt. Wenn das kein für mich befriedigendes Ergebnis bringt, dann kann ich darüber nachdenken, warum denn jemand diese Frage gestellt hat, und vor allem, warum ich sie mir auch stelle. Ich kann auch darüber nachdenken, wie sehr denn diese Frage Frage ist, und ob sie nicht auch etwas aussagt, und falls sie etwas aussagt, ob ich damit einverstanden bin. Ich kann fragen, unter welchen Bedingungen diese Frage gestellt wird. Ich kann mich fragen, warum, und ob, diese Frage wichtig ist – und vor allem ob die Entscheidung dieser Frage denn wichtig ist. Ich bin nämlich im Laufe dieses meines Lebens auch schon dahinter gekommen, dass es manche Fragen gibt, die nur so wichtig sind: als Fragen – Fragen, zu denen die Antworten viel uninteressanter sind, als die Fragen – Fragen, die zum Beispiel gerade deshalb wichtig sind, weil sie den Weg bereiten zur Frage nach dem Sinn ihrer selbst – und diese Fragen, die Sinnfragen, das sind dann die wirklich interessanten Fragen.
Aber das ist jetzt nur ein Ausblick; so weit sind wir noch nicht. Zuerst wollten wir betrachten, was denn die verschiedensten Leute auf die Frage „Was ist der Tod?“ antworten würden.
Ich werde klassisch anfangen, bei den Biologen, bei den Naturwissenschaftlern, bei den Leuten, von denen viele (vielleicht abgesehen von den Biologen) sagen würden, dass sie über die „harten Fakten“ sprechen. Weil bei den Naturwissenschaftlern sind die Dinge meistens einfacher – oder zumindest klarer und eindeutiger, würde man meinen. Was ist also für einen klassischen Biologen der Tod? In einem Wikipedia- Artikel zum Tod, den ich vor kurzem gelesen habe, lautet die erste Überschrift ebenfalls „Die Schwierigkeit einer Definition“ – und diese Überschrift bezieht sich nur auf den biologischen Aspekt. Der Artikel nennt dann allerdings sehr wohl ein paar mehr oder weniger klare Kriterien. Ein Einzeller ist zum Beispiel tot, wenn er seine Zellintegrität verloren hat, oder nicht mehr Zellteilungsfähig ist. Für einen Menschen bedeutet die „unumkehrbare Desintegration lebensnotwendiger

[1] Ich habe die englische Version dieses Gesprächs gefunden unter: http://py.vaults.ca/~x/tquotes/tquotes.py?D=199

Organe“ den Tod. Als Beispiele für lebensnotwendige Organe werden das Gehirn (Hirntod ist ein medizinisch definierter Begriff – die Feststellung des Hirntods ist ebenfalls ein komplizierterer Vorgang, der mehrerer qualifizierter Ärzte bedarf, um rechtsgültig zu sein) und das Herz-Kreislauf-System genannt. Wie jetzt konkret eine Desintegration dieser lebensnotwendigen Organe aussieht (also, ob sie zum Beispiel vollkommen zu Mus verarbeitet sein müssen, oder ob schon weniger reicht) habe ich nicht ganz verstanden, aber eigentlich habe ich auch keine Lust, diese Frage weiter zu verfolgen, weil die Art der Antwort, die ich gerade dabei bin zu bekommen, hört sich ganz und gar nicht nach der Art an, die ich erwartet hatte.
Der Tod ist doch etwas Bewegendes und Wichtiges (im Leben?) – eine Antwort auf die Frage, was der Tod ist, sollte mir doch eigentlich etwas Bewegendes und Wichtiges über das Leben sagen, oder nicht?
Beschließen wir also, dass uns in dieser Sache die Biologen nicht wirklich weiterhelfen können, und sehen wir uns in einer anderen Umgebung um. Vielleicht in einer etwas spirituelleren? Vor einiger Zeit schrieb ich einen sehr kurzen Artikel für unsere Schülerzeitung, in dem es um die Angst vor dem Tod ging. Ich beendete den Artikel mit einem Zitat, das ich bei meinen „Nachforschungen“ (wieder in Wikipedia) gefunden hatte. Es war ein Zitat aus dem Zen-Buddhismus und lautete etwa wie folgt:

„Meister, gibt es ein Leben nach dem Tod?“
„Das weiß ich nicht.“
„Aber bist du denn nicht der Meister?“
„Ja, aber kein toter Meister.“

Ich musste darüber lachen, als ich es zum ersten Mal las. Wieso? – Wahrscheinlich, weil diese gelassene Einstellung des Meisters nicht etwas war, was ich erwartet hatte. Bei uns ist die Frage des „nach dem Tod“ eine wichtige Frage – eine Frage, von der man nicht einfach so zugibt, dass man keine Antwort auf sie weiß. Wieso also kann das ein Zen-Meister einfach so zugeben?
Vielleicht liegt das unter anderem an der etwas anderen Einstellung zum Leben im Buddhismus. Ich habe irgendwann ein Referat über den Buddhismus gehalten, aber wenn ich Geschichten über Mönche, die ihr ganzes Leben nur mit dem Studium des / mit der Beschäftigung mit dem Buddhismus verbringen, dann würde ich trotzdem dazu neigen mein Wissen über diese Religion als eher oberflächlich einzustufen. Was wir aber bestimmt alle schon einmal in diesem Zusammenhang gehört haben, ist, dass Buddhisten das Leben prinzipiell als ein Leiden ansehen, und dass das oberste Ziel für einen Buddhisten die Erleuchtung, das Nirvana (auch Nibbana, je nach Transkription), das Nicht-Sein, das Ausbrechen aus dem Kreislauf der Wiedergeburt ist. Was heißt jetzt Nicht-Sein, und wie kommt man auf die Idee, dass das etwas Erstrebenswertes sein könnte?
Als ich damals mein Referat hielt begann ich damit eine Geschichte zu erzählen. Es war die Geschichte vom Turing-Test und vom Chinese-Room-Gedan-

kenexperiment. In einer kurzen Fassung lautet die Geschichte so: Ein gewisser Herr Alan Turing erfand einmal einen Test, von dem er behauptete, dass dieser die „Intelligenz" und das „Verständnis" (im menschlichen Sinne) einer Maschine überprüfen könne. Bei diesem Test führt ein Mensch in einem entsprechenden experimentellen Setting (schriftlich) je ein Gespräch mit einem anderen (ihm unbekannten) Menschen und der (ihm unbekannten) Maschine. Kann er nicht mit Sicherheit sagen, welcher der Gesprächspartner die Maschine, und welcher der Mensch war, so ist die Maschine intelligent und versteht. Ein gewisser Herr John Searle war allerdings der Meinung, dass dies kein besonders gut durchdachter Test sei. Er schlug folgendes Gedankenexperiment vor, um auch andere Menschen von dieser Meinung zu überzeugen: Nehmen wir an, in einem Raum sitzt ein Engländer (der kein Chinesisch versteht) mit einem Buch. Nehmen wir weiter an, dass in diesen Raum Fragen in chinesischer Sprache gereicht werden und nehmen wir außerdem an, dass der Engländer mit Hilfe des Buches (in dem Anweisungen stehen, wie er dies zu tun hat) diese Fragen so beantworten kann, dass die Chinesen, die seine Antworten lesen, aufgrund dieser Antworten nicht entscheiden können, ob er Chinesisch kann oder nicht (der Mann mit dem Buch bildet also die Maschine im Turing-Test). Jetzt – sagt John Searle – versteht aber dieser Mann trotzdem kein Chinesisch, selbst wenn er die Fragen korrekt beantworten könnte. Deswegen – meint er – kann dieser Test kein Test für wirkliches Verständnis sein. Ich und vielleicht auch manche Buddhisten würden darauf antworten, dass zwar weder der Mann noch das Buch alleine Chinesisch verstehen, dass sie dies aber gemeinsam – als System – sehr wohl tun. Ich habe diese Geschichte damals erzählt, um den Gedanken einzuführen, dass es vielleicht Sinn machen kann, bestimmte Funktionen (oder deren Analoga), die wir klassischerweise nur Menschen, oder vielleicht noch Tieren zugeschrieben haben, auch anderen noch nicht näher definierten „Systemen"[2] zuzusprechen. Wenn wir diesen Gedanken weiter verfolgen, dann wirft das jede Menge neuer Fragen auf. Was können denn nun diese Systeme sein, und, wenn ein solches System ein anderes (zum Beispiel auch physikalisch) enthalten kann, welches betrachte ich dann? Ist es auch möglich, dass es teilweise Überlappungen zwischen solchen Systemen gibt? (Jetzt kommen wir dann bald zur Frage nach den Bedingungen der Frage nach dem Tod.) Buddha fühlte sich von dieser ganzen Unsicherheit damals ein bisschen irritiert und hat, so weit ich das verstanden habe, beschlossen, dass er sich damit nicht abgeben will. Wenn das alles so unklar ist und es keine eindeutigen Grenzen gibt, dann kann das doch nicht das Wahre sein. Da

[2] Der Begriff kommt aus dem griechischen und heißt einfach nur „Verbundenes". Er scheint in letzter Zeit in Mode gekommen zu sein, und deswegen verwende auch ich ihn jetzt. Ein Soziologe namens Luhmann bastelte zum Beispiel an einer Theorie mit diesem Namen, an der „allgemeinen Systemtheorie" – ich verspreche allerdings nicht alle folgenden Gedanken ganz in seinem Sinne wiederzugeben, da ich nur Teile seines Gesamtwerkes gelesen habe und da das hier auch ein bisschen den Rahmen sprengen würde.

kann doch ein jeder daherkommen und **irgendetwas** als System bezeichnen – und jedes solche System, das aus irgendeinem wild zusammengewürfelten Haufen von irgendwelchen Elementen besteht kann plötzlich sagen: „So, ich bin jetzt ein System, und ich lebe, und ich habe meine eigenen Ziele, und die werde ich jetzt auch gnadenlos verfolgen, weil das ist mein gutes Recht, als System." Wenn das alle Systeme machen, das muss ein riesen Durcheinander geben, und die kommen sich alle in die Quere, hat sich Buddha gedacht – und außerdem, woher nehmen sich die das Recht? Die hängen doch alle zusammen – und eigentlich, so richtig unabhängig sind die alle miteinander nicht. Buddha hat also gedacht, vielleicht wird alles viel leichter und besser, wenn diese Systeme eben das zugeben, und aufhören, so egoistisch ein eigenes System sein zu wollen und sich lieber vollständig in das größte denkbare System eingliedern (also die Welt, oder den Kosmos, oder was immer da draußen noch sein mag) – dann wird alles viel ruhiger und geordneter. Angeblich hat er das irgendwann auch selber gemacht – und das ist in meinen Worten, wie ich die Erleuchtung verstehe.
Aber hören wir uns das noch einmal an: „aufhören ein eigenes System sein zu wollen" – für mich klingt das stark nach unserem Thema, nach dem Tod. Wenn ich kein eigenes System mehr bin, ja was bin ich dann, dann bin **ich** nicht mehr (deswegen sagen auch die Buddhisten Nicht-Sein). Wenn ich mich vollkommen desintegriere (ich verwende das Wort, weil das auch den Biologen schon gefallen hat), dann bin ich, glaube ich, genau das, was wir üblicherweise tot nennen würden.[3]
Wir haben jetzt eine weitere mögliche Antwort auf die Frage „Was ist der Tod?" gefunden, allerdings, wenn wir ein bisschen westlich orientiert sind, dann gefällt uns auch diese nicht sonderlich gut, weil wir gerade gesehen haben, dass diese Antwort mit dem Schluss verknüpft ist, dass der Tod etwas Wünschenswertes ist – auch wenn die meisten von uns wissen, dass der Tod unweigerlich am Ende des Lebens kommen wird, so hätten wir ihn doch nicht in dieser Weise als Ziel bezeichnet.
Sehen wir uns also noch eine weiter Möglichkeit an, unsere Frage zu betrachten. Wie wir schon am Beispiel der Geschichte vom Turing-Test und dem Chinese-Room-Gedankenexperiment gesehen haben ist die Idee vom System auch im Westen eine nicht ganz unbekannte. Es gab jetzt in den letzten 50 Jahren ein paar Leute[4], die sich etwas formaler mit dieser Idee auseinandergesetzt haben, weil das bei uns die angesehendste und „richtigste" Art ist sich mit irgendetwas auseinanderzusetzen.

---

[3] Wegen der Korrektheit möchte ich noch sagen, dass ein Buddhist den Tod wahrscheinlich nicht einfach so uneingeschränkt mit der Erleuchtung gleichsetzen würde. Ich glaube der Unterschied liegt darin, dass erleuchtet zu sein verlangt, dass ich keine (mich betreffenden?) Ungleichgewichte zurücklasse – aber das ist ein Konzept, das ich nicht sonderlich gut in unsere Sprache fassen kann – und das ich natürlich selbst nicht verstehe, weil sonst wäre ich ja erleuchtet, nehme ich an.

Viele von ihnen waren Biologen[5], andere Psychologen[6] oder auch Soziologen[7]. Ihnen war gemeinsam, dass sie gesagt haben: „Ja, das ist zwar alles ein riesen Durcheinander, und eigentlich kann ein jeder daherkommen und irgendetwas System nennen, aber reden wir doch darüber!"
Unter den vielen interessanten Gedanken, die dabei entstanden sind, und unter den vielen Begriffen ist für uns vor allem der der Autopoiesis interessant. Er schafft nämlich ein Kriterium dafür, was wir sinnvollerweise System (manchmal sagt man auch, um das abzugrenzen und klarer zu machen „autopoietisches System") nennen können, weil es genug Analogien zu einem Lebewesen gibt, sodass wir mit den selben Begriffen darüber reden können. „Autopoiesis" kommt aus dem griechischen und heißt so etwas wie „Selbsterschaffung". Das Resultat der Funktionen, die ein solches System ausführt ist eben dieses System. Dass der Mensch ein autopoietisches System ist, hat irgendein Mensch einmal erkannt, als er sagte:
„Der Sinn des Lebens ist das Leben." Wenn wir nun nur solche Gebilde, die sich stets selbst erschaffen, als autopoietische Systeme bezeichnen, dann haben wir ein Kriterium dafür, wann ein solches System gestorben ist – nämlich dann, wenn es aufhört sich selbst (wieder) zu erschafffen. Das würde bei der biologischen Maschine Mensch zum Beispiel heißen, dass der Stoffwechsel und die Erhaltung der inneren Organe und dergleichen aufhören. Dies passt recht gut mit der eingangs erwähnten biologischen Sichtweise zusammen. (Kein Wunder, da doch der Begriff Autopoiesis von Biologen geprägt wurde.) Wir haben das Konzept Tod nur ein wenig erweitert. Wir könnten nun auch vom Tod eines sozialen Systems oder der Erde, etc. sprechen. (Wie sehr dieser eintreten wird, und wie genau er feststellbar wäre, ist eine andere Frage.) Aber abgesehen davon, dass wir uns mit dem Problem Tod nicht mehr so alleine fühlen sind wir nicht viel weiter gekommen. Wieso fasziniert zumindest einen Teil dieser Systeme, die sterben können (nämlich viele Menschen und mindestens eine Gorilladame) die Frage was der Tod ist und auch, was nach dem Tod ist, so sehr? (Die Frage, die Koko gestellt wurde, lautete zumindest in der englischen Version, die ich im Internet fand:
„Where do gorillas go when they die?", also: „Wohin gehen Gorillas, wenn sie sterben?" / „Was passiert mit Gorillas, wenn sie sterben?" (Koko antwortet darauf: „Comfortable hole bye."))
Vielleicht hängt es damit zusammen, dass, wenn sich diese Systeme selbst als unabhängige Systeme sehen, diese Vorstellung spätestens zum Zeitpunkt des

---

4 Das waren zum Beispiel Heinz von Förster, den ich erwähnen möchte, weil ich in letzter Zeit relativ viel von ihm gelesen habe, und wahrscheinlich einiges daraus gelernt habe und eben nochmals Luhmann, der gerade sehr in Mode ist.

5 Humberto Maturana, Francisco Varela, Heinz von Förster, etc.

6 Paul Watzlawick

7 Niklas Luhmann, Talcott Parsons

Todes ihr Ende findet und (zumindest für diesen Zeitpunkt) widerlegt wird.[8] Ein Tod ist nur denkbar, wenn es andere gibt, die ihn beobachten können. Der eigene Tod ist nur aus der Sicht eines anderen denkbar – den eigenen Gesichtspunkt gibt es nach dem Tod nicht mehr.
Wenn wir Überlegungen über die Gesichtspunktabhängigkeit der Zeit einführen, dann können wir sogar sagen, dass der Tod für den Sterbenden keinen Unterschied macht – er kann ihn nicht von einem Weiterleben unterscheiden. So ist zum Beispiel ein theoretisch möglich gedachtes kryogenisches Einfrieren auf ewig vom Tod für den Eingefrorenen/Gestorbenen nicht unterscheidbar (außer vielleicht in den vorangehenden Nahtoderfahrungen, die beim Einfrieren ausbleiben könnten – über diese wissen wir aber auch nur wenig und ich könnte nicht mit Sicherheit sagen, ob irgendwelche Sinneswahrnehmungen einem Sterben oder nur einem kryogenischen Einfrieren entsprechen). Da ein kryogenisch Eingefrorener ohne Hilfsmittel keine Möglichkeit hat etwas über die im eingefrorenen Zustand verbrachte Zeit auszusagen (diese könnte also nach seinem Wissen auch gleich null sein), kann er das kryogenische Eingefrorenwerden nicht vom normalen Weiterleben unterscheiden. Auch der Tod ist vom kryogenischen Eingefrorenwerden für den Eingefrorenen/Toten erst unterscheidbar, wenn und sofern dieser wieder erwacht. (In dem selben Interview mit Koko, das im Zitat angesprochen wird, wird sie auch gefragt: „How do gorillas feel when they die – happy, sad, afraid?" Sie antwortet darauf: „Sleep." Auch sie sieht das also ähnlich – für sie ist der Tod eine Art Schlaf.) Die einzige Aussage, die er je machen können wird, ist, dass er nicht gestorben ist. Dass er gestorben ist, kann er zu keinem Zeitpunkt feststellen. (Dieses Problem scheint eine ähnliche Struktur zu haben, wie das Halteproblem.) Wir landen hier in einem Paradoxon: wenn ich sterbe, dann bin ich (für mich) nicht gestorben. Dies kommt daher, dass ich in einem Satz die Perspektive auf das Phänomen wechsle. Dass Menschen sterben, wissen wir, weil wir dies an anderen Menschen beobachtet haben. Der Tod eines anderen ist leicht denkbar, diesen können wir auch relativ gut definieren und umschreiben. Mit dem eigenen Tod ist das eher ein Problem. Um diesen zu betrachten ist ein Gesichtspunktwechsel notwendig. Eine Möglichkeit besteht darin, den eigenen Tod aus der Sicht seiner Mitmenschen zu betrachten – wer dies tut, macht sich zum Beispiel Sorgen darüber, für wen der eigene Tod einen Verlust darstellen könnte. Buddhisten sehen den endgültigen Tod, das Nicht-Sein aus der Sicht eines kosmischen Bewusstseins, das alles umfasst, Christen postulieren eine Seele, die nach dem Tod weiterlebt und dann in den Himmel kommt und von dort aus weiter beobachtet. Wie jemand damit umgeht, hängt vor allem davon ab, wie sehr er sich mit Gesichtspunktwechseln auseinander-

[8] Die folgenden Überlegungen gehen von einem atheistischen, jenseitslosen Gesichtspunkt aus. Religionen können sich auch als Reaktion auf die Probleme, die durch diesen entstehen, verstehen lassen.

gesetzt hat. Die christliche Position zeichnet sich zum Beispiel dadurch aus, dass sie diesen Gesichtspunktwechsel fast unsichtbar macht und so tut, als würde er nicht passieren. (Denn die Seele ist die Essenz des Menschen.)
Koko scheint sich auch nicht so sicher zu sein, welchen Gesichtspunkt sie wählen soll. Wenn sie „auf Wiedersehen" („bye") sagt, dann spricht sie über die Auswirkungen des Todes auf die Beziehung zu anderen Gorillas/Menschen. In diesem Zusammenhang ist der Tod ein Abschied. Worauf sich „Höhle" (oder eigentlich englisch „hole") bezieht, darüber wäre ich mir nicht so sicher. Im englischen Artikel wird spekuliert, dass Koko eventuell aus einem Magazin oder Ähnlichem etwas über Bestattungsriten erfahren haben könnte. Das würde bedeuten, dass auch dieser Teil der Antwort sich auf den Gesichtspunkt eines anderen (als des sterbenden) Lebewesens bezieht.
Für „gemütlich" („comfortable") würde ich allerdings nicht vermuten, dass dies zutrifft – außer Koko ist anderen Lebewesen sehr abgeneigt, dann könnte sie deren Tod vielleicht als angenehm empfinden. Ich würde aber eher vermuten, dass sie glaubt, dass der Tod für das Lebewesen selbst etwas Angenehmes ist. Und das ist doch eine recht positive Einstellung. Wenn ich schon nicht weiß, was nach dem Tod ist, und eigentlich auch nichts darüber aussagen kann (zumindest nicht, ohne dass ich den Gesichtspunkt wechsle), wie wir gesehen haben, dann stelle ich mir doch – wenn ich mir NICHTS nicht vorstellen kann – das Bestmögliche vor. Koko, ich bin deiner Meinung: Der Tod wird schon gemütlich sein, wenn er dann kommt. Zuerst möchte ich leben, aber ewig leben, das wäre anstrengend.
Gute Nacht!

Auffällig an dem Text ist zum einen der häufige Ich-Gebrauch (der im Essay weniger geahndet ist als in anderen akademischen Textsorten), zum anderen das allmähliche Entwickeln der Gedanken vor den Augen des Lesers. Beides wird hier überdeutlich. Dennoch: Eine solch eher erzählerische Herangehensweise kann ein Essay durchaus ‚vertragen'. Interessant ist auch, und das ist ein typisches Kennzeichen für einen Essay, der direkte Bezug auf die Fragestellung, die im Ausgangstext wiederholt und immer wieder explizit thematisiert wird. Besonders auffällig für diesen Typ des Essays sind reflektierende Passagen, die auch den häufigen Ich-Gebrauch erklären.

Die beiden nächsten Beispiele stammen beide aus einem Essay zur Aufgabenstellung: *Discuss the main techniques of characterization employed in Katherine Mansfield's short story „Miss Brill"*, den Aczel (2009) abdruckt. Das erste Beispiel ist der Anfang, das zweite das Ende des Textes.

> *The techniques of characterization employed in Katherine Mansfield's short story "Miss Brill" are predominantly implicit techniques. They do not rely on direct statements of character by either the narrator of the story or by other characters. Instead, Miss Brill is characterized above all through her own thoughts, actions and name.*

> *While most of the techniques of characterization discussed in this essay have been implicit, the one exception we have identified – the young couple's scornful characterization of Miss Brill at the end of the story as a "stupid old thing" – constitutes a major turning point in the story. The explicit characterization is also an explicit challenge to Miss Brill's self-image. Throughout the story is seen describing the outside world in supercilious, reductive terms. Finally, the outside world talks back, and as soon as it speaks, Miss Brill's inner world is threatened. She breaks her routine – she does not go to the baker's as usual, something which is her ordered life amounts to an enormous upheaval – and the reader is left guessing whether she will ever be the same again.*

Auffällig ist, dass die Fragestellung direkt zu Beginn aufgegriffen und konkretisiert (bearbeitbar) wird. Zugleich wird eine Hauptthese formuliert, die dann im weiteren Verlauf begründet wird. Genau diese Hauptthese wird zum Ende wieder aufgegriffen und relativiert. Der Essayschluss erlaubt damit einen wieder erweiterten Blick auf den Gegenstand.

6.4 Den Essay schreiben – Schritt für Schritt

Danach gefragt, ob das Schreiben eines Essays für Sie eher leicht oder schwer ist, halten sich die Antworten von Kölner Studierenden die Waage, auch werden ähnliche Aspekte (kurzer Text, wenig Vorgaben) einmal als positiv einmal als negativ bewertet. Das ist insofern nicht verwunderlich, da es auch vom Schreibertyp abhängt, wie und was Sie gerne schreiben. Als leicht (häufig als leichter im Vergleich zur Hausarbeit) wird empfunden, dass vergleichsweise weniger Literatur zu rezipieren ist, das Thema individuell bedeutsamer ist, ein kürzerer Text geschrieben werden kann, weniger Vorgaben das Schreiben leiten und eine persönlichere auch freiere Sprache verwendet werden kann. Als schwer wird eingeschätzt, dass mitunter die Aufgabenstellung unklar ist, der Umfang und die Zeit, in der ein Essay entstehen kann, so knapp bemessen und streng vorgegeben ist, man sich für ein Thema interessieren muss, um einen guten Essay zu schreiben (es aber möglicherweise nicht tut) und die Vorgaben fehlen. Ein erster Schritt beim Schreiben eines Essays ist, egal, ob Sie gern kürzere oder längere Texte schreiben, sich zu orientieren.

Schritt 1: Orientierung

Zunächst ist wichtig zu klären, welche Form eines Essays Sie anfertigen sollen. Geht es eher darum, ein bestimmtes Werk zu analysieren, sollen Sie eher grundlegend zu einem Aspekt (z.B. Rauchen) Stellung nehmen, sollen Sie Vor- und Nachteile (z.B. Kernenergie) gegeneinander abwägen, sollen Sie eine Szene beschreiben (z.B. Geschwisterstreitigkeiten) oder sollen Sie Ihre eigenen Erfahrungen (z.B. der erste Unterricht vor einer Klasse) darstellen. Sie müssen anschließend klären: Ist die Fragestellung Ihres Essays vorgegeben (ähnlich wie in den zitierten Beispielen) oder wird nur vage ein Thema genannt? Im ersten Fall müssen Sie die Frage zunächst dekodieren, also das Thema herausarbeiten und die Aufgabe präzisieren, im zweiten Fall müssen Sie noch grundlegender eine eigene Fragestellung entwickeln. Wird Ihnen Pflichtlektüre oder auch Material (zum Beispiel Filme) vorgegeben? Dann müssen Sie sich diese zunächst verschaffen.

>> **Tipp**

Es ist sinnvoll vor der Lektüre oder der Materialdurchsicht Ihre eigenen Erwartungen zu präzisieren, machen Sie sich dazu kurz Notizen. So unbefangen wie jetzt werden Sie danach nicht mehr an Ihr Thema herangehen (können).

Klären Sie anschließend, bis wann wie viel Text produziert werden muss. Planen Sie Ihre Arbeitsschritte entsprechend und schaffen Sie sich Ruhephasen besonders für die Schreibzeit ein.

Schritt 2: Des Pudels Kern

Halten Sie mitten in der thematischen Auseinandersetzung inne und fragen Sie sich: Was hat das alles mit mir zu tun? Sie können dazu verschiedene Techniken und Methoden nutzen. Sie könnten, wenn Sie noch keine Verbindungen gefunden haben, beispielsweise einen Beschwerdebrief formulieren, in dem Sie ein anderes, besser geeignetes Thema verlangen. Skizzieren Sie dieses andere Thema und begründen Sie auch, warum das besser für Sie wäre. Wechseln Sie dann die Perspektive und werden Sie zum Themensteller, der Ihnen antwortet und erklärt, warum genau dieses Thema besser/

wichtiger/interessanter ist als Ihr Themenvorschlag. Oder versuchen Sie sich ausschließlich Beispiele oder Szenarien auszudenken, in denen das Thema eine wichtige Rolle spielt. Sind Sie entsprechend eingestimmt, dann beschränken Sie sich auf einen Gedanken, ein Argument, ein Stichwort, das Ihnen als das Wichtigste erscheint. Notieren Sie anschließend fünf Minuten lang alles, was Ihnen zu diesem Gedanken, diesem Stichwort, diesem Argument einfällt. Jetzt haben Sie den Kern Ihres Essays gefunden.

Schritt 3: Rohfassung
Möglicherweise sind Sie ein Schreiber, der sehr geplant voranschreitet, seine Argumente auflistet und nacheinander ausarbeitet. Es kann aber auch sein, dass Sie sich eher von Ihrem Schreiben leiten lassen und erst am Ende eine Struktur entwickeln können. Unabhängig von Ihrem Vorgehen geht es im nächsten Schritte darum, eine Rohfassung des Essays zu erreichen. Diese Rohfassung kann noch deutlich länger sein als die Zeichenvorgabe Ihres (späteren) Essays, sie kann auch kürzer sein, weil noch Beispiele fehlen, sie kann noch fehlerhaft sein oder brüchig in der Argumentation. Wichtig ist, dass Sie zunächst einmal einen Text haben, an dem Sie weiterarbeiten können. In diese Rohfassung sollten Sie auch nicht zu viel Zeit investieren, denn es fehlt noch der nächste Schritt, die Überarbeitung.

Schritt 4: Überarbeitung
Auch die Überarbeitung kann und sollte in mehreren Schritten erfolgen, dabei sollten immer zunächst grundlegendere Aspekte (Struktur, Argumentation) vor Aspekten bearbeitet werden, die sich eher auf die sprachliche Oberfläche beziehen (Grammatik, Rechtschreibung, Format). Letztere sind zwar nicht weniger wichtig. Es ist aber nicht sinnvoll, eine Passage zu korrigieren, wenn sie ohnehin noch umgeschrieben wird, Sie haben ansonsten doppelte Arbeit. Prüfen Sie also zunächst, ob Ihre Argumentation, Ihre Beschreibung, Ihre Reflexion überzeugt. Ist der Kern Ihres Essays ersichtlich, sind die Gedanken nachvollziehbar, die Beispiele illustrierend? Hier könnten Sie auch jemand anderen gegenlesen lassen. Eine anschließende Lesedurchsicht sollte den Formalien (Textlänge, Korrektheit) gewidmet werden.

Das Schreiben von Essays ist eine anspruchsvolle und schwierige, aber letztlich auch schillernde Herausforderung. Lassen Sie sich vom Essayschreiben nicht abschrecken und versuchen Sie eher die Freiheiten, die Ihnen der Essay bietet, zu nutzen und sich hier auch als Schreiberin einmal auszuprobieren.

7 Die Klausur

Klausuren kenne ich doch aus der Schule! Das ist ja nun nichts Neues! Das stimmt. Mit Klausuren haben Sie in Ihrer Schulzeit schon viel zu tun gehabt. So ist die Klausur vermutlich die Textsorte dieses Bandes, die Sie bereits am besten (zu) kennen (meinen). Dennoch werden Sie im Studium mit teilweise anderen Anforderungen konfrontiert. Beispielsweise werden sich Klausuraufgaben am Semesterende bündeln, so kann es schon einmal sein, dass Sie in zwei Wochen bis zu acht Klausuren mit ganz unterschiedlichen Themen vor sich haben. Die Klausuren beziehen sich zudem häufig auf den Stoff eines ganzen Semesters. Das bedarf also eines guten Zeitmanagements in der Vorbereitung. Auch haben Sie selten die Gelegenheit, eine Klausur ‚auszugleichen' oder noch in naher Frist nachzuholen. Sollten Sie eine Klausur nicht bestehen, müssen Sie zum Teil ein Semester warten bis wieder eine entsprechende Veranstaltung angeboten wird. Die Klausuren bestimmen zudem zu einem gewichtigen Anteil Ihre Abschlussnote. Aber auch die formalen Anforderungen sind im Studium höher, insbesondere, wenn Sie gebeten werden, eine komplexe Frage zu erörtern. So müssen Sie analog zu anderen wissenschaftlichen Texten Ihre Überlegungen begründen und entsprechend belegen, Sie müssen Fachliteratur zusammenfassen, zitieren und in Bezug zueinander setzen. Häufig werden Sie auch aufgefordert, eine stringente Argumentation vorzulegen.

7.1 Formen und Funktionen

Danach gefragt, was das Schreiben von Klausuren im Studium schwer macht, antworteten Studierende der Germanistik an der Universität zu Köln im Januar 2011:

- **Fehlende Hilfen in der Vorbereitungsphase**

Die Aufgabenstellungen sind vorher in der Regel nicht klar. Das verhindert das gezielte Nachdenken und Lernen in der Vorbereitung. Teilweise fehlen gute Lernmaterialien, die auch von den Dozenten zur Verfügung gestellt werden. Oft müssen mehrere Klausuren gleichzeitig vorbereitet und sehr unterschiedliche Themen parallel im Kopf behalten werden, das führt dann zu Lernstress und der Angst vor Blackouts in der Klausursituation.

- **Unklare Aufgabenstellungen**
Multiple Choice Klausuren werden dadurch erschwert, dass die Antwortmöglichkeiten oft sehr ähnlich klingen. Die Aufgabenstellungen in eher textbezogenen Klausuren sind teilweise unklar formuliert. Die Erwartungen des Dozenten sind nicht immer transparent. Da die Themen aber oft zu komplex sind, fehlen aus den Aufgabenstellungen heraus ableitbare Hinweise, welche Inhalte relevant sind und vertieft werden müssten. Das führt dann zu einer bloßen Reihung von erlerntem Wissen in möglichst kurzer Zeit. Ob die Fragen also ‚richtig' beantwortet werden, d.h. auch angemessen ausführlich (nicht zu lang und nicht zu knapp) ist schwer einzuschätzen.

- **Formale Anforderungen**
Bei dem hohen Zeitdruck ist es schwierig, auf sprachliche und grammatische Richtigkeit zu achten und die Literatur anzugeben. Die Orientierung am Leser geht zudem schnell verloren. Inhalte, an die man sich erst beim Schreiben erinnert, sind bei handschriftlichen Klausuren nicht mehr leicht zu korrigieren bzw. einzubinden.

- **Zeitnot**
Die zur Verfügung stehende Zeit wird häufig als knapp empfunden. Die Zeit, um sich zunächst zu orientieren oder um abschließend den Text zu überarbeiten, wird selten investiert. Stattdessen geht es darum, möglichst schnell auf den Punkt zu kommen und Formulierungen zu finden, die präzise und richtig sind. Kreativität, das Nachdenken über das Thema, die Formulierung einer eigenen Position wird zugunsten der Wiedergabe von möglichst viel Wissen reduziert.

Trotz dieser Schwierigkeiten sind die meisten Studierenden in der Lage, Klausuren erfolgreich zu absolvieren. Es ist aber sinnvoll, sich etwas genauer mit der vermeintlich bekannten Textsorte auseinanderzusetzen.

Das Wort Klausur lässt sich aus dem Spätlateinischen von clausura = „Verschluss" bzw. claudere = „schließen" ableiten. Das Charakteristische für eine Klausur – hier im Sinne des Schreibens eines Textes – ist, dass sie in **einem geschlossenen Raum, innerhalb eines ‚geschlossenen' Zeitraumes** und **unter Aufsicht** stattfindet. Häufig – hoffentlich nicht mehr allzu lange – werden Klausuren **handschriftlich** und ohne weitere Hilfsmittel bzw. nur begrenzt zulässige Hilfsmittel wie z.B. Wörterbücher bearbeitet. Es lassen sich drei Formen von Klausuren unterscheiden, die jeweils unterschiedliche Anforderungen stellen: die **Multiple-choice-Klausur**, hier müssen Sie häufig viele Fragen beantworten, für die jeweils schon Antwortmöglichkeiten vorgegeben sind, aus denen Sie auswählen; die **Klausur mit mehreren, kürzeren Fragen**, die frei beantwortet werden, möglicherweise werden Sie auch aufgefordert, eine besondere Form von Analyse zu geben oder eine Definition zu nennen; die Klausur, in der **eine komplexere Frage** in einem Fließtext erörtert wird. Es gibt auch Mischformen. Eine Klausur dient dazu zu überprüfen, inwieweit Sie Inhalte verstanden und nachvollzogen haben, sie kann aber darüber hinaus auch zeigen, wie sehr Sie in der Lage sind, wissenschaftlich zu argumentieren, eine Position einzunehmen, ihre Überlegungen zu begründen und durch Literaturangaben zu belegen. Klausuren werden immer (mit einer Note) bewertet.

7.2 (Sprachliche) Gestaltung

Die (sprachliche) Gestaltung hängt ab von der Klausurform, die Sie zu bearbeiten haben. In Multiple-choice-Klausuren sind Antwortmöglichkeiten vorgegeben, aus denen Sie auswählen und die Sie entsprechend ankreuzen. Ihre Möglichkeiten, den Text (sprachlich) zu gestalten, sind entsprechend eingeschränkt. Wenn Sie Klausuren mit mehreren, kürzeren Fragen beantworten, dann haben Sie in der Regel wenig Raum, um Ihre Überlegungen zu entfalten. Sie formulieren kurz, ggf. auch in Stichworten. Komplexer sind die (sprachlichen) Anforderungen bei Klausuren, in denen Sie eine offene Frage diskutieren. Klausuren, in denen **eine Frage** dieser Art gestellt ist, fordern eine wissenschaftliche Abhandlung von Ihnen, bei der Sie eine **Einleitung**, einen **Hauptteil** und einen **Schluss** formulieren müssen. Vom Aufbau orientieren sich solche Klausuren an Seminararbeiten, sie sind in der Regel aber weniger komplex. Auch werden **weniger strenge Maßstäbe an die Literaturbelege** angelegt, es reichen Kurztitel (Autorenname, Jahr). Auch gegenüber **Flüchtigkeitsfehlern** sind Dozenten in Klausuren weniger streng als beispielsweise bei Seminararbeiten, Protokollen oder Handouts.

In der **Einleitung** sollten Sie zum Thema hinführen, die wichtigsten Problemfelder ansprechen und einen Überblick über Ihr Vorgehen bieten.

Der **Hauptteil** Ihrer Klausur wird in der Regel gegliedert sein. Sie werden also einzelne Ober- und Unterpunkte unterscheiden. Seien Sie nicht zu kleinschrittig, eine Gliederungstiefe von zwei Ebenen ist absolut ausreichend. Es ist durchaus sinnvoll, in der Klausur die Gliederung auch einzuführen, beispielsweise über sogenannte advance organizer, das sind vorangehende Passagen, die die Struktur des nachfolgenden Textes explizieren.

Im **Schluss** nehmen Sie diese Überlegungen wieder auf. Der Schluss soll zum einen die Ergebnisse noch einmal bündeln, mögliche Leerstellen in der Forschung aufzeigen (weiterer Forschungsbedarf) und das Thema wieder in einen größeren Zusammenhang stellen.

Zur Vorstellung kann das Bild eines zweifachen Trichters dienen: Die Einleitung verengt den größeren Gesamtrahmen, der Hauptteil bearbeitet diesen ausgewählten Bereich, der Schluss öffnet diesen wieder für die größere Diskussion.

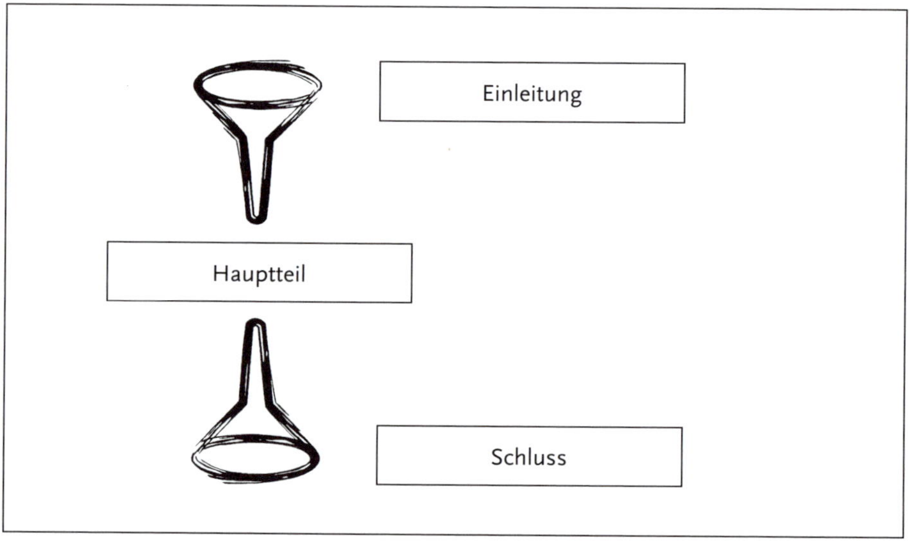

Schematische Darstellung einer Klausur

7.3 Beispiele

Im Folgenden finden Sie Beispiele für Fragestellungen, aber auch für Gliederungen und Textteile. Zur besseren Übersicht sind die Beispiele durchnummeriert. Die Beispiele zehn bis zwölf sind fingiert, alle anderen sind authentisch.

7.3.1 Fragestellungen: Beispiele für Multiple-Choice Klausuren

Beispiel 1

True or false	True	False
The illocutionary act is concerned with meaning	☐	▨
Verbs form an open word class.	▨	☐
The terms lexeme and word-form are synonyms.	☐	▨

Beispiel 2

Bertolt Brecht: Die Dreigroschenoper (1928).
Frankfurt/Main: Suhrkamp 2001.

1. Woher kennen sich Macheath und Brown?

A. Sie sind zusammen in Soho aufgewachsen ❑
B. Sie waren zusammen beim Militär in Indien ❑
C. Sie haben sich im Bordell kennen gelernt ❑
D. Sie sind zusammen zur Schule gegangen ❑

2. Wer singt den Song der Seeräuberbraut:
„Meine Herren, heute sehen Sie mich Gläser abwaschen / Und ich mache das Bett für jeden. [...] Und das Schiff mit acht Segeln / Und mit fünfzig Kanonen / Wird entschwinden mit mir.“?

A. Lucy ❑
B. Jenny ❑
C. Polly ❑
D. Suky Tawdry ❑

Beispiel 3

E.T.A. Hoffmann: Der Sandmann (1817)

1. Wie heißt Nathanaels Verlobte?

A. Elisabeth ❑
B. Olimpia ❑
C. Helena ❑
D. Clara ❑

2. Olimpia antwortet recht einsilbig auf Nathanaels Konversation. Was sagt sie?

A. Sie antwortet nur mit „Ja“ und „Nein“ ❑
B. Sie stößt nur dann und wann ein „Hm, hm“ aus ❑
C. Sie seufzt nur „Ach! Ach!“ ❑
D. Sie antwortet auf alles recht schnippisch mit „Ach ja?“ ❑

7.3.2 Fragestellungen: Beispiele für Klausuren, mit mehreren, kürzeren Fragen

Beispiel 4
Give a syntactic analysis of the following sentence with respect to form and function.
Joan will make her future husband very happy.

Beispiel 5
Define the following terms
paradigmatic
syntagmatic
dialect
accent
denotation
connotation

Beispiel 6
Bitte beantworten Sie folgende drei Teilfragen.

a) *Analysieren Sie den beiliegenden Schülertext, beziehen Sie sich auf einen Analyseansatz Ihrer Wahl (Brinker, Sandig, Hausendorf/Kesselheim...). [50%]*
b) *Diskutieren Sie die Konzepte Text und Textsorte anhand von theoretischen Konzepten. Warum ist eine Definition so schwierig? Begründen Sie Ihre Position. [30%]*
c) *Welche Relevanz kann Text(muster)wissen für das Lesen und Schreiben von Schülerinnen und Schüler haben? Skizzieren Sie Ihre Position an einem Beispiel. [20%]*

7.3.3 Beispiele für eine Klausur mit einer komplexeren bzw. mehrteiligen Frage

Beispiel 7
Wie kann die Schule in der Sekundarstufe II domänen- und/oder disziplinenbezogene Schreibkompetenzen (akademisches Schreiben) anbahnen, um so den Übergang von Schule zu Hochschule zu erleichtern?

Beispiel 8
Beschreiben, vergleichen und diskutieren Sie Methoden der Untersuchung von Unterrichtskommunikation. Konzentrieren Sie sich auf zwei Methoden: Was kennzeichnet die Methoden? Was leisten sie für die Untersuchung von Unterrichtskommunikation? Wo liegen Vor- und Nachteile der Methoden?

7.3.4 Beispiele für den Textbeginn, eine Gliederung und den Verweis auf die Textstruktur

Beispiel 9
Die Aufgabenstellung: „Diskutieren Sie die Konzepte Text und Textsorte anhand von theoretischen Konzepten. Warum ist eine Definition so schwierig? Begründen Sie Ihre Position" wird in einer Klausur folgendermaßen bearbeitet:

Was ist überhaupt ein Text? Kann ein Text mündlich sein? Ist ein Straßenschild vielleicht auch eine Art Text? In welchen systematischen Beziehungen stehen Texte zueinander? Diese und andere Fragen stellt man sich immer wieder in der Textlinguistik.

Die Frage, die in der Aufgabenstellung diskutiert wird, spiegelt der Autor durch weitere Fragen, die das Spannungsfeld seiner Überlegungen umreißen.

Beispiel 10
Bezogen auf die Aufgabenstellung *Diskutieren Sie die These „LehrerInnen sollten Schreibprofis sein" und beziehen Sie sich auch auf aktuelle Forschungsliteratur zum beruflichen Schreiben* könnte der Textbeginn folgendermaßen aussehen:

Um die These „LehrerInnen sollten Schreibprofis sein" angemessen diskutieren zu können, müssen zunächst grundlegende Begrifflichkeiten geklärt werden: Was soll unter dem Begriff „Schreibprofi" verstanden werden, über welche Schreib- und Lehr-Kompetenzen verfügt ein solcher Schreibprofi, bezieht sich Schreibprofi auf basale oder auf professionelle Schreibfähigkeiten? Unklar ist zunächst auch, um welche LehrerInnen es sich handeln soll: LehrerInnen aller Schulformen und Fächer oder spezifische LehrerInnen besonderer Klientel? Mein Text ist folgendermaßen aufgebaut. In einem ersten Schritt leite ich den Begriff „Schreibprofi" aus der Literatur zum beruflichen Schreiben ab und beziehe ihn auf die Schule. In einem zweiten Schritt umreiße ich relevante Kompetenzen eines solchen Schreibprofis am Beispiel einer LehrerIn für die Förderschule. Ich schließe meinen Text mit einem dritten Schritt, in dem ich die Ergebnisse diskutiere.

Was zeigt ein solches Beispiel? Das Beispiel zeigt, wie die Autorin die Fragestellung interpretiert, zuspitzt und in einzelne Aufgabenbereiche gliedert. Das Beispiel zeigt auch, wie die Autorin klärt, in welchen Schritten sie diese Aufgabenbereiche angeht.

Bezogen auf obiges Beispiel könnte eine solche Gliederung für die Klausur folgendermaßen aussehen.

Beispiel 11

1 Einleitung
2 Writing at work
2.1 Befunde zum Schreiben in unterschiedlichen Berufsfeldern
2.2 Schreiben im Lehrerberuf
2.3 Der Schreibprofi
3 Das Beispiel Förderschule
3.1 Bedingungen der Förderschule
3.2 Schreibaufgaben für Lehrer an der Förderschule
4 Schluss

Auch in Ihrem Text können Sie die Gliederung immer wieder markieren, in dem Sie deutlich machen, an welcher Stelle Sie gerade stehen.

Beispiel 12

Nachdem zunächst zentrale Befunde zum Schreiben in unterschiedlichen Berufsfeldern zusammengefasst dargestellt wurden, soll im nächsten Schritt das Schreiben im Lehrerberuf beleuchtet werden. Dabei geht es vor allem darum zu klären, welche besonderen Anforderungen an das Schreiben dieser Beruf stellt – auch im Vergleich zu anderen Berufen.

7.4 Die Klausur schreiben – Schritt für Schritt

In der Regel werden Sie schon mehrere Wochen vorher wissen, wann Sie eine Klausur schreiben. Diese längere Zeitspanne sollten Sie effektiv nutzen, insbesondere, wenn Sie wissen, dass Sie mehrere Klausuren vor sich haben. Die Vorbereitungszeit sowie die Klausursituation selbst lässt sich in mehreren Schritten gezielt angehen, in denen Sie jeweils verschiedene Anforderungen zu bewältigen haben.

Schritt 1: Semesterbeginn: Planung, Mitarbeit
Klären Sie zunächst, in welchen Veranstaltungen Sie eine Klausur schreiben werden; liegen Klausurtermine parallel? Dann sollten Sie mit dem Dozenten klären, ob Sie zu einem anderen Zeitpunkt ‚nachschreiben' können. Ein solcher Vorschlag wird vermutlich dann ernsthafter erwogen, wenn er von mehreren geäußert wird. Klären Sie also, ob auch bei anderen solche Überlappungen bestehen. Welche Alternativen gibt es zur Klausur? Können die Leistungen auch über ein ausgearbeitetes Referat oder eine Seminararbeit erbracht werden? Prüfen Sie, ob das nicht für Sie in dem einen oder anderen Fall möglich und sinnvoll ist.

> **Tipp**
>
> Um für eine Klausur vorbereitet zu sein, ist es wichtig, die Veranstaltung regelmäßig zu besuchen, mitzuschreiben und direkt im Anschluss die Inhalte nachzuarbeiten, indem Sie beispielsweise Ihre Mitschrift überarbeiten. Die Inhalte sind damit bereits besser verankert und können leichter reaktiviert werden.

Schritt 2: Semestermitte: Lerngruppen, Materialien, Zeitplan
Es ist häufig sehr hilfreich, sich in Lerngruppen zu organisieren. Sie können dann auch in der Gruppe Ihre Mitschriften und/oder Exzerpte austauschen, Verständnisfragen stellen und Hilfsmittel (Lexika, Wörterbücher u.a.) diskutieren. Auch bei der Recherche und beim Ausleihen der Literatur können Sie sich so gegenseitig unterstützen. Prüfen Sie, ob es von vergangenen Veranstaltungen eine Sammlung von Klausurfragen gibt – häufig ist die Fachschaft entsprechend ausgerüstet. Insgesamt sollten Sie bereits in dieser Phase alle Materialien sammeln und ordnen, um jederzeit mit dem zielgerichteten Lernen starten zu können. Dazu gehört auch, alle Folien, die vom Dozenten auf der Lernplattform zur Verfügung

gestellt werden, auszudrucken oder zumindest zu speichern. Sinnvoll ist es auch, sich schon frühzeitig über bestimmte Schreibweisen zu verständigen (vielleicht auch im Gespräch mit dem Dozenten): Wie kann man geschlechtsneutral formulieren? Welche Abkürzungen sind erlaubt und üblich? Wie zitiere ich die Literatur? Kann ich eigene Skizzen/Bilder/Beispiele verwenden? Versuchen Sie, die Literatur auszuleihen, wenn noch nicht alle auf die Idee gekommen sind.

Tipp

>> Arbeiten Sie jetzt auch schon einen Terminplan für das letzte Semesterdrittel und die Klausurphase aus. Planen Sie auch Ruhephasen, Krankheiten und andere Verpflichtungen (Arbeitszeiten, Freunde) ein.

In dieser Phase können Sie auch prüfen, welche Hilfsangebote an Ihrer Universität bestehen und welche Sie davon nutzen wollen. So haben inzwischen beispielsweise viele Hochschulen Schreibzentren, die häufig auch Kurse zum Schreiben von Klausuren anbieten. Die Studienorganisation kann Ihnen helfen, Ihr Semester so zu strukturieren, dass Sie nicht in zu großen Klausurstress geraten. In den Fachschaften können Sie wichtige Hinweise zum jeweiligen Dozenten erhalten, achtet er beispielsweise sehr auf die sprachliche Gestaltung, sind ihm die Argumentationswege wichtig, wie genau muss die Literatur zitiert werden? Sollte der Dozent eine Infoveranstaltung zur Klausur anbieten, ist diese sinnvollerweise zu besuchen (zumindest von einer Person aus der Lerngruppe). In der Sprechstunde des Dozenten können darüber hinaus wichtige Hinweise erfragt werden.

Tipp

>> Um die erfahrungsgemäß stressigste Phase im Semester – das Semesterende mit den anstehenden Klausuren – möglichst gut durchzustehen, können Sie die Aufgaben, die Sie bereits erledigen können (Portfolios zusammenstellen), vorziehen.

Schritt 3: Semesterende: Auswählen, Schreiben, Lernen

Gehen Sie in Ihrer Lerngruppe zunächst das ganze Semester durch (Folien, Mitschriften, Exzerpte) und versuchen Sie zu entscheiden, welche

Inhalte relevant(er), welche weniger wichtig sind. Die Einschätzung wird anhand folgender Fragen leichter: Was wurde beispielsweise (mehrfach) wiederholt? Womit hat sich der Dozent besonders lange beschäftigt? Was wird in der Forschung kontrovers diskutiert? Was sind aktuelle Forschungsthemen? Wann hat die Dozentin Hinweise auf weiterführende Literatur gegeben? Zu welchen Themen sind Hausaufgaben aufgegeben worden? Eine Orientierung bieten, falls vorhanden, auch entsprechende Einführungen ins Thema (Blick ins Inhaltsverzeichnis) oder die Klausurfragen vorangegangener Semester.

Tipp

Formulieren Sie in Ihrer Lerngruppe mögliche (typische) Klausurfragen und beantworten Sie diese in der Gruppe. Sie können sich auch einmal die Uhr stellen, um zu sehen, wie lang bzw. kurz die zur Verfügung stehende Klausurzeit ist.

Auch, wenn es grundsätzlich eher darum geht, sich die Inhalte zu erarbeiten und damit zu verstehen, müssen Sie manche Aspekte auch einfach **lernen** (Daten, Fachbegriffe, Definitionen). Wie Sie solche Inhalte am besten lernen können, ist unterschiedlich und hängt mit Ihrem **Lerntyp** (z.B. eher visuell, eher auditiv), mit ihrer **Motivation**, aber auch Ihren **Lernerfahrungen** zusammen. Es hat sich aber gezeigt, dass das Verschriftlichen eine wichtige Lern- und Verständnishilfe bietet. Je nach zu lernendem Gegenstand sind unterschiedliche Formen besonders geeignet.

Begriffe und Definitionen

Begriffe und Definitionen muss man tatsächlich lernen. Analog zum Lernen von Vokabeln im Fremdsprachenunterricht bieten sich dafür Karteikarten an. Schreiben Sie auf die eine Seite den Begriff, auf die andere die Definition, vielleicht noch einen Hinweis, wo und wann der Begriff gebraucht wird.

Analysen

Analysen sind am besten am Beispiel zu lernen. Stellen Sie sich gegenseitig Aufgaben, lösen Sie diese und vergleichen Sie Ihre Ergebnisse (untereinander und wenn möglich mit einer Musterlösung).

Kontroversen

Wissenschaftliche Erkenntnisse entstehen häufig in der Auseinandersetzung mit bestehenden Annahmen. Gegensätzliche Positionen werden als Kontroversen bezeichnet. Hier bietet sich die Darstellung in einer Tabelle an.

Position 1: Name	Position 2 (ggf. noch weitere): Name
Idee	Idee
Methoden	Methoden
Wichtigste Vertreter	Wichtigste Vertreter
Kritik an Position 2	Kritik an Position 1
Eigene Einschätzung	Eigene Einschätzung
Literaturangaben	Literaturangaben

Gesamtzusammenhang

Um ein Thema in einem größeren Zusammenhang nachzuvollziehen, bietet sich die Darstellung in einem Cluster an.

Je nach Klausurtyp reicht es aber nicht, nur die Inhalte zu verstehen bzw. zu lernen, Sie müssen selber einen längeren Text verfassen. Damit Sie in der Klausursituation schnell ins Schreiben kommen, ist es sinnvoll, **einzelne Passagen vorzuschreiben**. Da Ihnen die Klausurfrage eher nicht bekannt ist, erscheint es wenig sinnvoll, eine ganze Klausur auszuformulieren – Sie können die Inhalte dann nicht gut entsprechend anpassen. Es bieten sich eher verschiedene **Mini-Texte** an, die Sie ähnlich wie Textbausteine zusammensetzen können.

Frage-Antwort

Überschreiben Sie eine halbe Seite mit einer Frage, z.B.: Was ist der Naturalismus? Fassen Sie in Ihrer Antwort die wichtigsten Inhalte zusammen.

Kurz-Exzerpt

Notieren Sie zunächst den Kurztitel (Autorenname und Jahreszahl) einer Literaturquelle, fassen Sie dann den Text zusammen und formulieren Sie drei zentrale Thesen zum Text.

Textanfänge

Besonders beunruhigend in der Klausursituation ist ein leeres Blatt. Formulieren Sie daher schon einmal ein paar alternative Textanfänge, die Themen einleiten könnten. Nehmen Sie vielleicht sogar auf aktuelle Entwicklungen Bezug: die neue OECD-Studie zur Bildungssituation zum Beispiel.

Gliederung

Probieren Sie, Gliederungen zu unterschiedlichen Themen anzufertigen. Tauschen Sie diese Gliederung in Ihrer Lerngruppe aus. Stellen Sie sich die Aufgabe, zu jedem Gliederungspunkt zwei Sätze zu formulieren.

> **Tipp**
>
> Wenn Sie die Klausur handschriftlich verfassen müssen, ist es sinnvoll, diese Textteile auch schon per Hand zu schreiben. Das übt Ihre Handschrift, sie bekommen eine Vorstellung davon, was es heißt, nicht direkt mit der Löschtaste das Geschriebene wieder entfernen zu können.

Schritt 4: Ein Tag vor der Klausur

So kurz vor der Klausur, sollten Sie sich nicht mehr aus der Ruhe bringen lassen. Tauschen Sie sich nun nicht mehr mit anderen aus. Sie haben jetzt alles in Ihrer Macht stehende getan, um vorbereitet zu sein. Planen Sie kleinere Erholungen ein (Sport oder Entspannung, ein gutes Buch). Gehen Sie spazieren. Machen Sie sich klar, es ist auch nur eine Klausur (unter vielen). Bereiten Sie am Abend schon alles vor, was Sie am morgigen Tag benötigen (Getränke, Bonbons/Traubenzucker, Stifte). Einzelne nehmen auch gern Ohropax mit, damit sie nicht von ihren Nachbarn gestört werden. Prüfen Sie, ob die Stifte wirklich funktionieren. Vielleicht nehmen Sie auch schon einen gut durch die Vorbereitung eingeschriebenen Stift mit.

Schritt 5: Die Klausursituation

Egal, welche Form von Klausur Sie schreiben, für alle gilt: Ruhe bewahren, die Fragen genau lesen und erst dann mit der Bearbeitung beginnen. Sollten Sie mehrere Fragen zur Auswahl haben, versuchen Sie sich möglichst schnell (intuitiv) zu entscheiden. Bei Multiple-Choice Klausuren: Beantworten Sie zunächst die Fragen, bei denen Sie sich sicher sind. Häufig ist der erste Impuls richtig. Falls die Fragen unterschiedlich gewichtet sind, nehmen Sie sich die vor, bei denen es die meisten Punkte gibt. Verweilen Sie ansonsten nicht zu lange bei den einzelnen Fragen, sondern gehen Sie weiter und versuchen Sie es später noch einmal. Bei Klausuren mit einer offenen Fragestellung: Achten Sie besonders auf die Formulierungen in der Aufgabenstellung, Sie finden gerade in den **Prädikaten** (Verben im Satz) wichtige Hinweise zur Bearbeitung:

Darstellen – etwas umfassend beschreiben
Skizzieren – Aspekte herausgreifen bzw. andeuten
Vergleichen – zwei oder mehr Aspekte zueinander in Bezug setzen
Diskutieren – Kontroversen nachvollziehen
Beispiel geben – konkret an einem eigenen Fall illustrieren
Position beziehen – die eigene Ansicht darstellen, begründen und im Diskurs verorten
Analysieren – eine bestimme Methode auf einen Gegenstand anwenden.

Es bietet sich an, eine **Zeitplanung** für die Klausur zu machen. Hier ein Vorschlag für eine vierstündige Klausur, in der Sie eine offene Frage zu bearbeiten haben:
10 Minuten: Themenwahl und Analyse der Fragestellung
15 Minuten: Gliederung erstellen, Notizen machen, ggf. Cluster
10 Minuten: Einleitung formulieren
3 Stunden: Klausur schreiben
25 Minuten: Durchlesen, überarbeiten, korrigieren

Tipp

>> In der Vorbereitung können Sie diesen Zeitplan für eine Probeklausur durchaus einmal anwenden.

Vergessen Sie nicht: Die Klausur ist ein wissenschaftlicher und damit auch zugleich ein argumentativer Text. Es gelten also ebenso Normen und Konventionen wie für andere akademische Texte, d.h. Thesen müssen begründet werden, Übernahmen aus der Literatur (über Kurztitel) belegt werden, Fachbegriffe sind einzuführen (zu definieren). Für Klausuren gilt auch, dass sie nicht umgangssprachlich formuliert sein sollten, sondern angemessen schriftsprachlich.

Vergessen Sie aber auch nicht Ihre Leserin. Die Dozentin kann Ihnen weder in den Kopf blicken, noch weiß sie, wie viel Zeit und Mühe sie sich mit dem Lernen gegeben haben. Sie kann einzig über den Text urteilen.

Ein kohärenter Text mit einem roten Faden, der die Frage präzise und ohne größere Umschweife beantwortet, Orthographie und Zeichensetzung (weitgehend) berücksichtigt, Fachbegriffe verwendet, die zentralen Inhalte darstellt und methodisch angemessen argumentiert, macht einen entsprechend hervorragenden Eindruck.

Tipp

>> Achten Sie auf eine leserliche Schrift! Was die Dozentin nicht lesen kann, wird sie auch nicht positiv bewerten können. Außerdem trübt eine schlechte Schrift immer auch den Gesamtleseeindruck.

Schritt 6: Bewertung

Wenn Sie Ihre Arbeit getan haben, geht sie für die Dozenten weiter. Sie müssen die Klausuren durchsehen und bewerten. Die Bewertung von Multiple Choice Klausuren ist eher einfach und für die Studierenden auch transparent, da quantifizierbar. Schwieriger wird es bei vergleichsweise offenen Fragen. Dozenten beurteilen in der Regel sechs Bereiche, die je nach Fach und Dozent unterschiedlich gewichtet werden. Sollten Sie beispielsweise das Thema „Orthographie" in Ihrer Klausur diskutieren und sich insbesondere mit der Systematik der Groß- und Kleinschreibung beschäftigen, in Ihrem Text selbst aber eine Vielzahl solcher Fehler produzieren, wird das sicherlich strenger geahndet als wenn Sie sich mit einem historischen Thema auseinandersetzen. Generell gilt aber, dass Formalia in der Regel weniger gewichtet werden.

- Inhalt: dazu gehören der sachliche Gehalt, die korrekte Zuordnung von Gedanke bzw. Methode und Autor. Dazu gehört auch, ob Sie das Thema erfasst haben und relevante Aspekte herausgearbeitet haben. Haben Sie sich auf die zentrale Literatur bezogen? Sind die Thesen in Ihrem Text für das Thema bedeutsam (oder haben Sie eher nur Randbereiche thematisiert)?
- Methode: Ist Ihre Analyse methodisch richtig bzw. den methodischen Standards entsprechend?
- Sprache: Haben Sie Fachbegriffe benutzt, sich an einer wissenschaftlichen Alltagssprache orientiert, ist Ihr Text korrekt (bezogen auf Grammatik, Syntax, Rechtschreibung, Zeichensetzung)?
- Struktur und Argumentation: Stellt Ihre Klausur einen kohärenten Text (roter Faden) dar? Hat sie einen klaren, nachvollziehbaren Aufbau? Wer-

den die einzelnen Passagen stimmig miteinander verknüpft? Ist die Argumentation stringent?
- Selbstständigkeit: Entwickeln Sie eigene Überlegungen? Geben Sie eigene Beispiele? Gelingt Ihnen die Anwendung an vorgegebenen Beispielen? Ist ein Wissenstransfer erkennbar?
- Formalia: Haben Sie richtig zitiert (richtige Verweise)? Benutzen Sie Sätze, Absätze und Abschnitte? Ist die Schrift leserlich?

Tipp

Sollten Sie einmal bei einer Klausur durchgefallen sein, suchen Sie auf jeden Fall das Gespräch mit dem Dozenten und bitten Sie ihn auch um Klausureinsicht (oder auch beim Prüfungsamt). Nur so können Ihnen Ihre Fehler deutlich werden und die Beurteilung transparent. Entsprechend gerüstet, wird es beim nächsten Mal auf jeden Fall besser klappen.

Ein wichtiger Ratschlag von den Studierenden, die schon zu Anfang des Kapitels zu Wort kamen, für Studienanfängerinnen und all jene, die noch einige Klausuren vor sich haben, ist: „Nicht den Kopf in den Sand stecken und denken, das schaff ich nie! Es haben schon ganz andere vor Dir geschafft! In der Uni kocht man auch nur mit Wasser.“

8 Der Praktikumsbericht

In Studiengängen, die eine Praxisorientierung vorsehen, in allen Lehramtsstudiengängen, aber auch in vielen Studiengängen an Fachhochschulen, sind Praktika obligatorischer Bestandteil der universitären Ausbildung. Ein Praktikum wird immer durch einen Praktikumsbericht abgeschlossen, der vorgelegt und meist auch benotet wird. Der Praktikumsbericht wird zur Dokumentation des abgeleisteten Praktikums herangezogen, er soll aber auch dazu dienen, dass die Praktikumsinhalte nachvollzogen und mit Blick auf die eigene berufliche Entwicklung und Eignung reflektiert werden. Im Praktikumsbericht wird daher ausgehend von einer Beobachtungsfrage das Praktikum beschrieben (dokumentiert), die Beschreibungen werden wiederum mit Blick auf eine Fragestellung analysiert und bewertet (reflektiert). Wenngleich der Praktikumsbericht mehr Raum für persönliche, subjektive Erfahrungen bzw. Schilderungen bietet als andere akademische Texte, so folgt er dennoch Konventionen wissenschaftlichen Schreibens, z.B. im Belegen dieser Erfahrungen, im Umgang mit Literatur, in der Anlage des Textes etc.

8.1 Formen und Funktionen

Der Praktikumsbericht kann zwar unterschiedlich aussehen, je nach Studienfach, Praktikumsort (Unternehmen, öffentliche Institution wie eine Schule) und Praktikumstyp (Orientierungspraktikum, Fachpraktikum, Schulpraktikum), dennoch kann man hier nicht von unterschiedlichen Formen sprechen. Denn der Praktikumsbericht dient immer dazu, ein **Praktikum formal abzuschließen**. Erst mit dem Praktikumsbericht werden die credit points (Scheine) gutgeschrieben, ein fehlender Praktikumsbericht kann auch zur Aberkennung des Praktikums führen. Neben dieser formalen Funktion des Praktikumsberichts (**Dokumentation**) dient das Abfassen des Berichts zur Auseinandersetzung mit den Praktikumsinhalten (**Reflexion**): Was habe ich *in* der Institution gelernt? Was habe ich *über* die Institution gelernt?

Welche meiner erlernten Fähigkeiten (z.B. aus dem Studium) konnte ich einsetzen? Worauf war ich gut, worauf war ich nicht vorbereitet? Was hat meinen Erwartungen entsprochen, welche Erwartungen sind nicht eingelöst worden? Welche Konsequenzen ziehe ich aus dem Praktikum für meine weitere Ausbildung (Studium) und meine Berufsplanung? Der Praktikumsbericht kann, nimmt man ihn ernst, eine wichtige Rolle in der weiteren Studienplanung spielen, er dient auch als Brücke zwischen der eher theoretischen Ausbildung an der Hochschule und der Berufspraxis. Idealerweise empfinden Sie entsprechend auch das Praktikum nicht als zusätzliche Arbeitsbelastung, sondern als Chance, in ein Berufsfeld hineinzublicken, sich selber in einer neuen Rolle auszuprobieren und Impulse für den weiteren Studienverlauf aufzunehmen, die beispielsweise auch in einer Neuorientierung innerhalb des Studiums bestehen können. Darüber hinaus kann ein Praktikum auch dazu dienen, Kontakte zu knüpfen, die bis in die spätere berufliche Praxis reichen können.

8.2 (Sprachliche) Gestaltung

In Ihrer Studienordnung oder bei Ihrer Praktikumsbeauftragten werden Sie genaue Hinweise zur Struktur, aber auch zur Länge bekommen. Generell gilt, dass die Berichte einen Umfang zwischen 10-25 Seiten haben (Informationsmaterial, Broschüren, Arbeitsblätter werden im Anhang aufgeführt und nicht zum Umfang gerechnet). Typisch sind folgende Bestandteile, wobei sich beschreibende, analysierende und reflektierende Textteile abwechseln:

- Deckblatt: Auf das Deckblatt kommen Angaben zum Praktikum (Praktikumsstelle, Zeitraum des Praktikums, ggf. Angaben zum begleitenden Praktikumsseminar), Ihre persönlichen Angaben (Name, Anschrift, E-Mailadresse) und Angaben zur Hochschule (Name der Hochschule)
- Einleitung: In der Einleitung skizzieren Sie Ihre Erwartungen, formulieren ggf. eine Fragestellung und beschreiben Ihr Vorgehen im Bericht.
- Hauptteil
  - Im ersten Kapitel *stellen* Sie die Institution *vor*, z.B. die Geschichte, das Geschäftsmodell und die Zielgruppen eines Unternehmens oder die Größe, Schülerschaft und die Philosophie einer Schule.
  - Im zweiten Kapitel *beschreiben* Sie die Organisation, die Arbeitsinhalte und die Aufgaben des Praktikums, z.B. die Abteilungen, in denen Sie praktiziert haben oder die Klassen, in denen Sie hospitiert haben.

  - Im dritten Kapitel *analysieren und reflektieren* Sie ausgewählte Inhalte, die für Sie besonders relevant im Hinblick auf die Fragestellung bzw. die für Ihre Praktikumserfahrungen ausschlaggebend sind. In diesem Kapitel können Sie auch gut die Verbindungen zwischen Ihren Studieninhalten (Theorie) und Ihren Praktikumserfahrungen (Praxis) nachzeichnen.
- Fazit/Abschlussreflexion: In Ihrem Fazit bewerten Sie das Praktikum abschließend auf Ihre Lernerfahrungen.
- Ggf. Literaturverzeichnis
- Ggf. Anhang (mit weiteren Materialien)

Anstelle des Begriffs „Vorstellung der Institution" finden Sie möglicherweise auch den der „Bedingungsfeldanalyse" (gerade im pädagogischen Kontext; ein alternativer Begriff ist auch die „Schulerkundung"). Gemeint ist ähnliches: Es geht darum, die Voraussetzungen, in denen das Praktikum eingebettet ist, genauer zu beschreiben und die unterschiedlichen Akteure zu unterscheiden. Bezogen auf den Praktikumstyp gilt, dass eine solche Bedingungsfeldanalyse in den Einführungs- oder Orientierungspraktika einen vergleichsweise großen Raum einnimmt, in den sogenannten Haupt- bzw. Fachpraktika zugunsten der anderen Textteile im Umfang reduziert wird.

Wichtig und sicherlich auch besonders schwierig ist es im Praktikumsbericht die Balance zwischen Beschreibung, Analyse und Reflexion zu halten.

Tipp

>> Versuchen Sie beschreibende, analysierende und reflektierende Textpassagen auch räumlich, beispielsweise in unterschiedlichen Teilkapiteln, zumindest in Absätzen, zu trennen.

Praktikumsberichte sind eine stärker subjektorientierte Textsorte, d.h. im Praktikumsbericht geht es mehr um Sie als in anderen akademischen Texten. Daher ist es auch nicht verwunderlich, dass Sie dort häufiger das Pronomen „ich" finden. Dennoch ist der Praktikumsbericht keine persönliche Erlebnisschilderung ähnlich eines ‚schönsten Ferienerlebnisses'. Auch im Praktikumsbericht geht es darum, Ihre Beobachtungen zu belegen, Ihre Eindrücke zu konkretisieren und Ihre Schlüsse argumentativ abzuleiten. Anders als in anderen Texten werden Sie damit selbst zu einer wichtigen Quelle.

> **Tipp**
>
> Um die notwendige Distanz zur eigenen Person zu finden, versuchen Sie sich in einer Textpassage einmal nicht als „ich" zu beschreiben, sondern mit ihrem vollen Namen. Vor der Reinschrift Ihres Berichtes sollten Sie das aber wieder korrigieren.

Auch Praktikumsberichte orientieren sich an einem sprachlichen Stil, der insgesamt für akademische Texte gilt, d.h. keine Umgangssprache, eine eher komplexe Syntax, Fachbegriffe, die eindeutig definiert sind, sowie Konventionen des Faches z.B. im Umgang und der Zitation von Fachliteratur und anderen Quellen. Zu diesen wie auch allen anderen Fragen des wissenschaftlichen Sprachstils sehr empfehlenswert ist das Buch von Helga Esselborn-Krumbiegel (2010).

8.3 Beispiele

Die folgenden Beispiele sollen Einblick in denkbare Fragestellungen geben, die Sie in Ihrem Bericht diskutieren können, Sie sollen Ihnen eine Idee davon geben, was zu der Institution geschrieben (und entsprechend recherchiert) werden kann, und zu Formulierungsimpulsen für stärker reflektierende Passagen werden.

8.3.1 Beispiel für eine Fragestellung und ein entsprechendes Vorgehen in einem Praktikumsbericht (Lehramt)

Sie interessieren sich beispielsweise für die Nutzung der Schulbibliothek. Sie sammeln Informationen, die sich auf die Institution, aber auch die Nutzerinnen und ihre Nutzungsgewohnheiten beziehen. Sie wollen beispielsweise wissen, in welchem Verhältnis Angebot und Nachfrage stehen und wie die Nachfrage (falls notwendig) gesteigert werden könnte. Bezogen auf die Institution würden Sie sich z.B. für folgende Fragen interessieren: Seit wann gibt es die Schulbibliothek? Wie lange ist die Schulbibliothek geöffnet? Wer hat ‚Dienst' in der Schulbibliothek? Wer sorgt für Anschaffungen, Katalogisierung und Bereitstellung der Texte? Was für Texte (auch neue Medien?) hat die Bibliothek im Angebot? Wie hat sich das Angebot über die Zeit verändert? Gibt es ein ‚Zukunftskonzept' für die Schulbibliothek? Wie ist die Ausstattung an Arbeitsplätzen (auch Rechnern)? Gibt es besondere Angebote (Lange Lesenacht, Kurse)? ...

Sie könnten beispielsweise auch ein **Interview** mit der Bibliotheksleitung führen. Ein Interview ist ein abgesprochenes, geplantes, systematisch und strukturiert geführtes Gespräch, bei dem die Aussagen des Gesprächspartners für eine weitere Verwendung festgehalten werden (beispielsweise auf Tonband aufgezeichnet). Sie bringen so Aspekte in Erfahrung, die Sie durch die Beobachtung allein nicht erfahren können. Der Interviewpartner sollte informiert sein und seine Bereitschaft erklären.

Bezogen auf die Nutzerinnen wären Sie interessiert über Folgendes etwas in Erfahrung zu bringen: Ist die Schulbibliothek mit ihren Angeboten bekannt? Wie häufig wird die Schulbibliothek genutzt? Mit welchem Ziel wird die Schulbibliothek aufgesucht? Welche Angebote werden besonders genutzt? Welche sind weniger interessant bzw. werden kaum frequentiert? Was würden sich die Nutzerinnen darüber hinaus wünschen?

Sie könnten beispielsweise einen **Fragebogen** entwerfen und in Ihren Praktikumsklassen austeilen. Ein Fragebogen ist ein Text mit vorbereiteten Fragen (offenen und geschlossenen Fragen; bei offenen Fragen lassen Sie die Antwortmöglichkeiten offen, bei geschlossenen Fragen geben Sie diese vor) und ggf. vorbereiteten Antwortmöglichkeiten. Der Fragebogen wird in der Regel anonym ausgefüllt, wenngleich verschiedene Sozialdaten (z.B. Alter, Geschlecht, Klassenstufe) abgefragt werden können. Die Antworten werden ausgewertet. Mit einem Fragebogen können Sie eine große Gruppe von Personen erreichen, die Antworten sind in der Regel stärker begrenzt. Es ist sinnvoll, vorab einen Pre-Test durchzuführen, um zu klären, ob die Fragen verständlich und die Antwortmöglichkeiten umfassend sind. Die so von Ihnen erhobenen Materialien, eigene Beobachtungen, Interview und Fragebogen, lassen sich in Ihrem Praktikumsbericht beispielsweise mit fachdidaktischer Literatur zur Lesesozialisation koppeln.

8.3.2 Beispiel für Themenfelder (Vorstellung der Institution) im Kontext Unternehmen

- Geschichte des Unternehmens
- Produkte und Produktpalette
- Geschäftsmodell des Unternehmens
- Philosophie und Werbekonzepte
- Rechtsform des Unternehmens
- Zielgruppen des Unternehmens
  - Zielgruppenanalyse

  - Zielgruppenentwicklung
- Standorte des Unternehmens
  - Mitarbeiter
  - Gewinne
- Zukunft des Unternehmens

8.3.3 Beispiel für Themenfelder der Bedingungsfeldanalyse (Vorstellung der Institution) im Kontext Schule

- Voraussetzungen auf Schülerseite (ggf. individuell differenziert)
  - Lernstand oder Einstellung der Schüler bezüglich Thematik, Lernstil, -tempo oder -schwierigkeiten
  - Verhältnis zur lehrenden Person
  - Klassenstruktur und Besonderheiten der klasseninternen Gruppenstruktur (sprachliche und fachliche Voraussetzungen; Geschlechterverhältnis u.a.)
- Voraussetzungen auf schulischer Seite
  - Schultyp
  - Größe, Ort (auch Einzugsgebiet), Ausstattung, evtl. Geschichte
  - Abschlüsse, Partnerschaften, Angebote (AGs), Projekte
  - Konzept, Selbst- oder Leitbild
  - Kollegium (Alter, Geschlecht, fachlicher Austausch: auch Fachkonferenzen)
  - Stellenwert des Faches (Ihr eigenes Studienfach) an der Schule: Angebote, Räumlichkeiten, Lehrerinnen
- Voraussetzungen auf Lehrerseite
  - Fachliche Schwerpunktsetzung
  - Unterrichts- bzw. Kommunikationsstil
  - Einsatz von bzw. Einstellung gegenüber bestimmten Unterrichtsformen, Materialien/Medien
  - Verhältnis zur Klasse
- Voraussetzungen auf Studierendenseite (= eigene Voraussetzungen)
  - Motivation
  - Bisherige Erfahrungen
  - Erwartungen und Befürchtungen
  - Jeweils hinsichtlich Thematik, Unterrichtssituation und Institution Schule

8.3.4 Beispiele für Abschlussreflexionen (Ausschnitte)

Insgesamt kann ich zusammenfassen, dass mein Praktikum am Gymnasium xy gleichermaßen sinnvoll wie angenehm war. Um jedoch nicht bei diesem bloßen Eindruck stehen zu bleiben, möchte ich nachfolgend versuchen, meinen Hospitationen und Unterrichtsentwürfen insofern Bildungsbedeutung beizumessen, als ich sie unter der Frage reflektiere, welche Konsequenzen sich aus den gemachten Erfahrungen für mein theoretisches Fachverständnis und mein weiteres wissenschaftliches wie didaktisches Studium ziehen lassen und in wie weit ich Theorie und Praxis in Einklang zu bringen vermag.

Was ist aber, wenn Sie nach Ihren Praktikumserfahrungen gerade nicht so einen positiven Eindruck hatten, Sie im schlimmsten Fall zu dem Schluss gekommen sind, dass der Beruf Sie nicht interessiert und Sie nun auch am Sinn Ihres Studiums zweifeln? Vorab: Solche Erkenntnisse sind wichtig und sollten auch im Praktikumsbericht Platz finden. Hier kommt es aber besonders auf die Art der Darstellung an. Der Praktikumsbericht ist nicht dazu da, Ihrer Enttäuschung oder möglicherweise auch Wut Raum zu geben – dafür eignen sich Erfahrungsforen im Internet besser. Im Praktikumsbericht sollten Sie Ihre Eindrücke möglichst ausgewogen darstellen und deutlich machen, dass Sie trotz negativer Eindrücke einen reflektierten und distanzierten Zugang beherrschen.

Ich muss allerdings bedauern, dass ich mich nicht häufiger im eigenen Unterricht erproben konnte, obwohl ich vielfach angeboten hatte, Vertretungsstunden (z.B. im Fachunterricht der Jgst. 11) oder ein außerunterrichtliches Förderprogramm zu übernehmen. Neben dieser organisatorischen Kritik beurteile ich zudem in fachlicher Sicht das relativ geringe Engagement der Deutschlehrkräfte im Bereich ‚Soziales und Kooperatives Lernen' negativ, da Gruppenarbeitsmodellen und individuellen Lernformen trotz Fortbildungen immer noch ein Negativimage anhaftet, das sich auf die Schüler überträgt und diesen dadurch vielfältige Lernchancen und -impulse nimmt.

8.4 Den Praktikumsbericht schreiben – Schritt für Schritt

Der Praktikumsbericht gilt häufig als ungeliebte, zumeist bis auf das Ende des Praktikums verschobene Textsorte. Sinnvoll ist allerdings ein anderes Vorgehen, das die Herstellung des Berichtes als Rahmenaktivität zum Praktikum auffasst und vor, während und nach dem Praktikum zu absolvieren ist.

Schritt 1: Vorbereitung

Damit Sie Ihr Praktikum dokumentieren und Inhalte reflektieren können, bedarf es einer **Vorbereitung**, die sich auf die Gestaltung bzw. Durchführung Ihres Praktikums bezieht. Bereits vorab sollten Sie klären, ob ein entsprechendes praktikumsvorbereitendes Seminar besucht werden kann ggf. muss, ob es für die Dauer und den Zeitraum des Praktikums Vorgaben gibt, welche Anforderungen an Praktikum und Praktikumsbericht aus Sicht der Studienordnung bestehen, welche Informationen Sie über Ihren Praktikumsort (z.B. die Schule oder auch das Unternehmen) finden können (die Webseite und entsprechende Broschüre aber auch Erfahrungsberichte ehemaliger Praktikantinnen), ob Sie ein vorbereitendes Gespräch, idealerweise vor Ort, führen können und schließlich, welche Erwartungen Sie selber mit dem Praktikum verbinden

Übung

Schreiben Sie einmal 5 Minuten lang ungestört alles auf, was Ihnen zu Ihrem Praktikum einfällt. Fragen Sie sich: Was macht mich an meinem Praktikum neugierig?

Schritt 2: Während des Praktikums

Damit Sie für Ihren Praktikumsbericht ausreichend Material haben, sollten Sie in der Zeit Ihres Praktikums verschiedene **Materialien sammeln** bzw. auch selber **Materialien erheben**. Eine breite Materialbasis erlaubt Ihnen einerseits, Ihre Überlegungen glaubhaft zu stützen, dient also auch der Dokumentation. Eine breite Materialbasis erlaubt Ihnen andererseits, eine gewisse Flexibilität im Hinblick auf die zu reflektierenden Befunde – möglicherweise hat sich Ihre Fragestellung bzw. Ihr Blick auf das Praktikum innerhalb bzw. nach dem Praktikum verändert. Material können beispielsweise Informationen über die Institution sein, die Sie auf den Webseiten aber auch in Broschüren, Faltblättern, evtl. Hauszeitungen o.ä. finden. Materialien können aber auch eigene Beobachtungen oder Erhebungen sein.

Auch **Beobachtungen**, die Sie im Praktikum sammeln, lassen sich gezielt anbahnen und unterstützen. Denn Beobachtungen sind ebenso durch implizite wie explizite Erwartungen und Fragen geleitet wie andere Erhebungsverfahren. Solche Beobachtungen bieten sich gerade bezogen auf komplexe Interaktionssituationen, wie beispielsweise Unterricht in einer Schulklasse, aber auch Team-Besprechungen, in besonderer Weise an. Grundlegend können die folgenden Fragen eine Orientierung bieten:

- Organisation und Akteure: Wann und wo findet die Interaktion statt? Wer ist an der Interaktion beteiligt? Was ist das Thema der Interaktion? Worin besteht das Ziel?
- Interaktionsverlauf: Wie ist die Interaktion gegliedert (Phasen, Themenschwerpunkte)? Welche Organisationsformen kommen zum Einsatz (Vortrag, Diskussion oder auch Partnerarbeit, Gruppenarbeit)? Welche Medien (und ggf. weitere Materialien) werden genutzt? Wie und durch wen wird die Interaktion gesteuert?
- Verweis auf weitere Interaktionen: Welche Verabredungen werden für künftige Interaktionen getroffen(z.B. Arbeitsaufträge, auch Hausaufgaben)? Wie wird das gemeinsame Wissen dokumentiert (z.B. Protokoll; Eintrag ins Klassenbuch)?

Insgesamt lassen sich drei Methoden unterscheiden, wie solche und andere Beobachtungen notiert werden können.

- Bei der **freien Mitschrift** gehen Sie zunächst noch nicht von einer klaren Fragestellung aus, sondern notieren alles, was Ihnen in dem Beobachtungsmoment als wichtig und bemerkenswert auffällt. Diese Methode eignet sich besonders für die erste Zeit Ihres Praktikums, in der Ihre Interessen möglicherweise noch unklarer, Ihre Beobachtungsfragen noch unpräziser sind. Aus der freien Mitschrift kann sich dann ein solches Interesse bzw. ein Beobachtungsfokus herauskristallisieren. In der Beobachtungssituation selbst kann die freie Mitschrift allerdings dazu verführen, so viel wie möglich zu notieren. Sie können dann aber der Situation kaum mehr folgen. Achten Sie auch darauf, nicht durch Randbeobachtungen abgelenkt zu werden.
- Wenn Sie vor der Beobachtung einen Beobachtungsaspekt auswählen, dann lassen sich in der Situation selbst sogenannte **fokussierte Notizen** anfertigen. Sie notieren also lediglich Beobachtungen, die sich auf den von Ihnen bezogenen Beobachtungsaspekt beziehen. Ihre fokussierten Notizen können dann mit eigenen Hypothesen, Kenntnissen aus der Literatur und anderen Überlegungen ergänzt werden. Die Beobachtung ist damit enger und zugleich tiefgehender als bei der freien Mitschrift.
- Wenn Sie einen solchen Beobachtungsschwerpunkt herausgearbeitet haben, können Sie diesen auch anhand eines von Ihnen entwickelten **Beobachtungsbogens** verfolgen. Ein Beobachtungsbogen erlaubt Ihnen schematisierte Notizen, die in der Beobachtung zu einer kognitiven Entlastung führen können, er erlaubt Ihnen auch, eine einfachere Auswertung, da bestimmte Kategorien bereits definiert sind und er erlaubt

Globale Fragen zum gesehenen Unterricht
(Persönliche Einschätzung – Reflexion nach dem Unterricht)

Unterrichtende/r: ________________________
Beobachtende/r: ________________________
Wann: ________ Wo: ____________ Wen?____________

1. Was halten Sie in dem gesehenen Unterricht für so gut und anregend, dass Sie es gern selbst nachahmen oder ausprobieren möchten?

2. Was ist Ihnen an dem gesehenen Unterricht unklar, so dass Sie von der oder dem Unterrichtenden gern weitere Auskünfte hätten? Welche Fragen würden Sie gern an die Unterrichtende / den Unterrichtenden richten?

3. Zu welchen Aspekten / Situationen des gesehenen Unterrichts fallen Ihnen Vorschläge ein, wie Sie es anders machen würden? Warum? (Varianten, Gegenvorschläge, Kritik)

Verlaufsprotokoll (während der Beobachtung auszufüllen)

Unterrichtende/r: ________________________
Beobachtende/r: ________________________
Wann: ________ Wo: ____________ Wen?____________

Zeit	Aktivitäten der Unterrichtenden/Lernmaterialien	Aktivitäten der Lernenden	Bemerkungen für das Auswertungsgespräch

Lernmaterialien: z.B. K: Kassette; LB: Lehrbuch; AB: Arbeitsbuch; TA: Tafel etc.
Sozialformen: z.B. F: Frontalunterricht; P: Plenum; PA: Partnerarbeit; GA: Gruppenarbeit; EA: Einzelarbeit

Beobachtungsbogen für die Schule

Ihnen schließlich den einfacheren Vergleich bestimmter Beobachtungssituationen. Schwierig ist allerdings, wenn der Beobachtungsbogen zu eng ist und dann relevante Aspekte nicht mehr abdeckt.

Allgemeiner könnten Sie folgende Aspekte leiten:
Beobachtungssituation (Person, Personengruppe):
Beobachtender:
Beobachtungszeitraum:

Fragen für eine eher globale Beobachtung:
Was gefällt Ihnen an der beobachteten Situation gut, was haben Sie so erwartet?
Was ist Ihnen an der beobachteten Situation unklar, wozu hätten Sie noch Fragen?
Was erscheint Ihnen an der beobachteten Situation ungünstig, wo sehen Sie Optimierungsbedarf?

Chronologischer Beobachtungsbogen:

Zeit	Aktivitäten von Person 1	Aktivitäten von Person 2	Bemerkungen

Ihre Beobachtungen können Sie auch durch mediale Aufzeichnungen, z.B. Ton- oder Videoaufnahmen, oder die Sammlung von Dokumenten stützen. Diese Materialien ersetzen aber keine fragengeleitete Beobachtung, denn sie müssen ebenfalls mit Blick auf eine Fragestellung ausgewertet werden.

Da es in Ihrem Praktikum neben der Frage danach, was Sie gemacht und erlebt haben (Dokumentation) zugleich darum geht, diese Erfahrungen aus Ihrer eigenen Sicht nachzuvollziehen (Reflexion) und sich insbesondere zu fragen, inwieweit die Erfahrungen im Praktikum Sie in Ihrer beruflichen Entscheidung bestätigen (oder eben auch nicht), bietet sich das Führen eines **Praktikumstagebuches** an. Ein Praktikumstagebuch schafft die Möglichkeit, informell und vergleichsweise unaufwändig den Praktikumstag noch einmal zu resümieren.

Tipp

Nehmen Sie sich jeden Abend fünf Minuten Zeit für eine Abschlussreflexion, die Sie kurz notieren. Fragen Sie sich: Mit welchen Erwartungen habe ich den heutigen Praktikumstag begonnen? Was hat mir heute gut gefallen? Welche Erfahrungen waren negativ? Bei einer solch begleitenden Abschlussreflexion ersparen Sie sich viel Arbeit, wenn Sie zu einem späteren Zeitpunkt Ihren Praktikumsbericht schreiben und Sie die Erlebnisse nicht mehr ganz lebhaft vor Augen haben.

Schritt 3: Nach dem Praktikum

Nehmen Sie sich, bevor Sie mit dem Zusammenstellen des Berichtes starten, drei Minuten Zeit, um zu klären: Was haben Sie vor dem Praktikum über die Institution gedacht, was danach? Was wussten Sie davor über Ihr Studium, was danach? Was wussten Sie davor über sich, was wissen Sie jetzt über sich?

Sortieren Sie nun alle Materialien und Notizen, die Sie gesammelt haben zu den jeweiligen Gliederungspunkten (Institution, Praktikum, Fragen/Reflexion) und bringen Sie sie in eine Ordnung. Schreiben Sie als erstes eine Rohversion, die versucht, die einzelnen Inhalte kurz zu beschreiben und schon erste Verknüpfungen vorzunehmen. Lassen Sie den Text nun etwas liegen. Schauen Sie sich dann noch einmal Ihre Ausgangsreflexion (falls vorhanden) und Ihre abschließende Reflexion an und überarbeiten Sie mit diesem Wissen Ihren Text in drei Schritten, inhaltlich, argumentativ, sprachlich. Geben Sie den Text, bevor Sie ihn abgeben, noch einem Kommilitonen, der ebenfalls sein Praktikum absolvieren muss und fragen Sie ihn, ob die Überlegungen hilfreich waren. Ergänzen Sie ggf. noch Einzelnes.

9 Das Portfolio

Porfolios (‚Sammelmappen') werden erst seit wenigen Jahren für das akademische Schreiben (an deutschen Hochschulen) eingesetzt. Inzwischen sind sie aber in den meisten Curricula vieler Studienfächer fest verankert. Das Portfolio hat Hochkonjunktur. Die Einsatzformen sind vielfältig, sie reichen von einem begleitenden Lehr-/Lerninstrument bis zu einer ‚anderen' Form der Leistungsbewertung, dennoch sind sie oft nur unzureichend durch die Lehrenden oder die Studienordnungen definiert. Grundsätzlich lassen sich stärker **produktbezogene** von eher **prozessbezogenen** Portfolios unterscheiden. Ersteres kann so beispielsweise als Sammelmappe der im Seminar zu bearbeitenden Hausaufgaben dienen. Letzteres wird zu einem Lehr-/Lerninstrument, in denen Lernerfahrungen an eigenen Texten und Textentwürfen dokumentiert und reflektiert werden. Studierende sollen durch das Portfolio lernen, sich bezogen auf ihre eigene Leistung und ihre Entwicklung selbst einzuschätzen.

9.1 Formen und Funktionen

Der Begriff Portfolio kommt aus dem Lateinischen und setzt sich zusammen aus den Bestandteilen *portare* „tragen" und *folium* „Blatt". Das Portfolio bezeichnet entsprechend eine tragbare Sammlung von Objekten eines bestimmten Typs. Ursprünglich bezeichnete es eine Brieftasche oder Sammelmappe. Je nach Bereich kann das Portfolio Unterschiedliches bedeuten: Künstler stellen ihre wichtigsten Arbeiten in einem Werkportfolio zusammen, Unternehmen präsentieren Produkte in einem Ausstellungsportfolio, mit einem Wertpapierportfolio ist die Zusammenstellung von Investitionen gemeint. Mit dem Begriff Portfolio ist die Nähe zu wirtschaftlichen und künstlerischen Formen durchaus beabsichtigt. Ein Portfolio soll das **Können**, die **Arbeitsweise** und die **Entwicklung** eines Individuums zeigen. Das Portfolio dient der Einschätzung eigener Kompetenzen sowie der Weiterentwicklung dieser Kompetenzen. Bezogen auf die Bewertung des Portfolios soll es – in Analogie zum Investitionsportfolio – durch eine kluge Auswahl Risikominimierung ermöglichen, indem die Beurteilung auf mehreren Eindrücken basiert.

Allgemein unterscheidet man im Bildungsbereich drei Typen von Portfolios: das **Kurs-Portfolio**, das Produkte und Leistungsbelege eines Typs sammelt, oben als Produkt-Portfolio bezeichnet; das Portfolio im Sinne **einer Leistungsmappe, die eine Lernbiographie kennzeichnet** und an der die Entwicklung eines Lernenden sichtbar werden soll, hier als Prozess-Portfolio eingeführt; und das **Qualifikationsportfolio**, in dem Zeugnisse, Auszeichnungen, Zertifikate, Teilnahmebescheinigungen etc. systematisch erfasst werden. Letzte Portfolioform steht hier nicht im Fokus, da sie nicht zu den akademischen Textsorten gehört.

Während es beim Produkt-Portfolio darum geht, das eigene Leistungsvermögen zu präsentieren, ähnlich eines Schaukastens oder einer Ausstellung, soll das Prozess-Portfolio das Wachstum des Leistungsvermögens dokumentieren, analysieren und dabei vor allem die Veränderungen, ggf. auch Wendepunkte aufzeigen; vergleichbar mit einer Führung durch ein Atelier.

Beispiel Produktportfolio (Schaukasten):
Sie haben sich mit dem Leben und Werk des Künstlers Andy Warhol beschäftigt und ein Projekt zur Rezeption und Vermarktung Warhols Werke durchgeführt. Dazu haben Sie das bekannte Werk Campbell‘s Soup Cans herausgegriffen, weil sich an dem Objekt selbst bereits der Zusammenhang zwischen Kunst und Kommerz abbilden lässt. In Ihrem Projekt haben Sie erarbeitet, welche Künstler die Thematik aufgegriffen haben und wie das Objekt in der Rezeption der Kunstgeschichte diskutiert wird. Sie haben sich dann einen Überblick über Art und Verkauf von Reproduktionen verschafft. Schließlich haben Sie selbst eigene Darstellungen zu Campbell‘s Soup Cans angefertigt und einer Gruppe von SchülerInnen eine ähnliche Aufgabe gestellt. Sie haben erarbeitet, dass sich in der Rezeption wenig an der Darstellung des Objektes verändert hat, die Wahrnehmung des Objektes aber durchaus eine Veränderung durchlebt hat. Ihrem Portfolio geben Sie den Titel: Von der Suppendose zum Kultobjekt. Andy Warhols Cambell‘s Soup Cans. Diese These wird in Ihrem Portfolio nur durch fünf Materialien gezeigt, die Sie jeweils einleitend beschreiben: eine Originaldarstellung von Wahrhol, eine Künstler-Reproduktion, eine Postkarten-Reproduktion, Ihre eigene Reproduktion und die Schüler- Reproduktion.

Beispiel Prozessportfolio (Führung):
Sie haben die Aufgabe bekommen, ein Konzept für ökologisches Wohnen auf kleinstem Raum zu entwickeln, das zugleich familientauglich und flexibel sein soll. Sie starten Ihre Überlegungen mit einem Brainstorming (oder auch Freewriting). Sie befragen dann zwei Familien nach ihren Bedürfnissen. Sie recherchieren zum Thema ökologisches Wohnen, Wohnen auf kleinstem Raum und Wohnen von Familien. Die Recherche überführen Sie in eine Bedarfsanalyse. Sie versuchen in einem Cluster zu ergründen, worin die gemeinsamen Aspekte der drei Perspektiven bestehen und schreiben einen ersten Projektentwurf. Sie bitten einen Kommilitonen um Rückmeldung. Sie überarbeiten den Entwurf auf der Grundlage der Rückmeldung und lassen ihn von den zwei Familien, die Sie zu Beginn befragt hatten, prüfen. Sie formulieren eine Endversion. In Ihrem Portfolio wollen Sie zeigen, wie sich der Weg von den Anfangsüberlegungen bis zur Endversion entwickelt hat. Sie greifen dazu einen Aspekt heraus, der Sie besonders gefordert hat. Diesen Aspekt, beispielsweise Heizkostenverbrauch, versuchen Sie entlang der Materialien nachzuzeichnen.

Die unterschiedlichen Portfolio-Typen haben für die Erstellung und Darstellung Konsequenzen. Beim Produkt-Portfolio werden Sie zusätzlich zu den Dokumenten, die Sie zusammengestellt haben, noch ein Inhaltsverzeichnis, ein Deckblatt und möglicherweise noch ein Literaturverzeichnis anlegen; ggf. noch eine Abschlussreflexion. Beim Prozess-Portfolio werden Sie zusätzlich noch Ihre Dokumente kommentieren und Ihre Entwicklungen für den Leser Schritt für Schritt sichtbar machen. Im ersten Fall (Produkt-Portfolio) werden Sie mehrere, unterschiedliche Texte in ihrer endgültigen Version präsentieren, im zweiten Fall (Prozess-Portfolio) werden Sie vermutlich weniger unterschiedliche Texte auswählen, aber möglicherweise diese in verschiedenen Bearbeitungsstadien zeigen oder ausschnitthaft bezogen auf die Fragestellung präsentieren.

Tipp

>> Fragen Sie frühzeitig bei Ihrem Dozenten nach, um welchen Portfolio-Typ es sich handelt, Sie ersparen sich damit unnötige Missverständnisse und falsch investierte Zeit.

	Produkt-Portfolio	**Prozess-Portfolio**
Ziel/Funktion	Leistungsschau	Entwicklung
Auswahl	Die besten Texte Möglichst unterschiedliche Texte	Die wichtigsten Texte (f. d. Entwicklung) Möglichst ähnliche Texte in verschiedenen Bearbeitungs-stadien
Rahmung	Deckblatt, Inhaltsverzeichnis, ggf. Literaturverzeichnis, ggf. Abschlussreflexion	wie beim Produkt-Portfolio + begleitende Reflexion und Kommentierung (Annotierung der Texte)

Tipp

>> Im Portfolio ist es manchmal schwierig, zwischen Materialien (Text) und Kommentar zum Text zu unterscheiden. Versuchen Sie diese Unterscheidung schon vom Layout, beispielsweise durch einen Schrifttyp, deutlich zu machen, achten Sie aber auch darauf, dass keine zu große Unruhe in den Gesamttext kommt.

Wichtig ist auch der Unterschied in der Materialität des Portfolios: Ein Portfolio kann in Papierform oder in elektronischer Form (E-Portfolio) eingereicht werden. Im ersten Fall erlaubt dies mit unterschiedlichen Textformen, auch handschriftlich, zu arbeiten, zugleich in der Darstellung (Chronologie) eine gewisse Abgeschlossenheit zu erzeugen. Im zweiten Fall ermöglicht die elektronische Form Verweise und Verlinkungen zwischen den Texten und auch über die Texte hinaus zu schaffen, was eine größere Offenheit ermöglicht – auch in der Leserführung.

Tipp

>> Notieren Sie sich schon während der Erarbeitung zu Ihren Dokumenten/Texten immer das Datum, an dem Sie sie erstellt haben und vermerken Sie auch, um welche Version es sich handelt. Das erleichtert Ihnen die spätere Auswahl und Anordnung.

9.2 (Sprachliche) Gestaltung

Das Portfolio hat Ähnlichkeiten mit dem Praktikumsbericht. Auch das Portfolio besitzt dokumentierende und reflektierende Passagen. Auch beim Portfolio muss viel Überlegung (entsprechend Zeit) in die Vorbereitung und Gestaltung investiert werden, hier die Auswahl (welche Texte werden gezeigt) und Anordnung (welche Entwicklung wird gezeigt) der Dokumente. Das Portfolio ist aber noch deutlich stärker selbstbezogen, die Dokumente, an denen Kompetenz und Entwicklung dargestellt werden, sind eigene Texte. Noch stärker gewichtet als im Praktikumsbericht ist das Reflektieren. Das Portfolio, auch als Prozess-Portfolio, ist aber nichts Unfertiges. Es zeigt das (vorläufige) Ende des Reflexionsprozesses.

Was genau heißt aber Reflektieren? **Reflektieren** lässt sich zunächst ganz abstrakt als mentaler Prozess kennzeichnen, der zwischen **Lernen und Denken** verortet ist. Zum Reflektieren gehören dann alle Überlegungen, die sich auf das Lernobjekt beziehen, das können auch emotionale und affektive Eindrücke sein, diese Eindrücke können im ersten Schritt ganz ungeordnet sein. Wichtig ist, bei diesen Eindrücken nicht stehen zu bleiben, sondern sie weiter zu klären.

Beispiel: Ihr Thema sind Kommunikationsstrategien. Sie beobachten Kommunikationsstrategien in Radio-Interviews mit Experten und beziehen sich auf ein Interview, das mit dem Kommunikationsexperten des Energiekonzerns RWE zum Kernenergie Ausstieg geführt wurde. Sie machen sich zunächst folgende Notizen:

> *Das gefällt mir! Das macht der gut! Warum macht der das gut? Was finde ich gut? Wie bekommt der das hin? Eine angenehme Stimme ist wichtig. Und man muss auf die Fragen antworten, nicht drum herum reden. Könnte ich daraus etwas für mich selbst lernen? Wie rede ich eigentlich? Wie wird meine Stimme wahrgenommen? Muss ich immer erst über andere über mich selber nachdenken? Ist das problematisch oder nicht?*

Das Reflektieren und auch die eigene Wahrnehmung des Reflektierens können zunächst chaotisch sein und aus einem Potpourri von Ideen, Wissen, Gefühlen, Bildern u. ä. bestehen. Dieser Prozess muss für das Portfolio gezielt vorbereitet und gesteuert werden. Eine **reflexive Praxis** schafft es, ein Verstehen des eigenen Lernens zu erreichen und eine bewusste Einsichtnahme in die eigenen Lernprozesse und -ergebnisse zu ermöglichen. Ziele dieses bewussten Prozesses sind:

- Das eigene Lernen soll geplant und an Zielen ausgerichtet werden. Sie sollen sich also bei jeder Aktivität fragen, *was* will ich daran lernen.
- Das eigene Handeln soll beobachtet werden, auch um herauszufinden, wie bei der Arbeit vorgegangen wird. Sie sollen sich also fragen, *wie gehe ich vor*.
- Über das Lernhandeln soll Auskunft gegeben werden. Sie sollen also formulieren können, *wie* Sie *beim Lernen* vorgehen.
- Das eigene Lernen soll mit dem Lernen anderer verglichen und entsprechend relativiert werden. Sie sollen also *andere beobachten* und Ihre Lernstrategien damit in Beziehung setzen.
- Die eigenen Lernstrategien sollen daraufhin geprüft werden, ob sie erfolgreich sind und falls nicht, warum sie es nicht sind. Sie sollen also Ihr *eigenes Lernen überprüfen*, möglicherweise wählen Sie nicht immer das geeignete Vorgehen.
- Die Lernhandlungen und -ergebnisse sollen den Anforderungen entsprechend kontrolliert werden. Wie können Sie Ihr Lernen überprüfen und Ihre *Lernwege dokumentieren?* Schaffen Sie sich dafür geeignete Instrumente und schärfen Sie diese bezogen auf die Aufgaben!
- *Schlussfolgerungen* sollen gezogen werden. Ziehen Sie aktiv Schlüsse aus Ihren Überlegungen.

Die reflexive Praxis bezieht sich auf alle Phasen des Lern- und Arbeitsprozesses: die Vorbereitung, die Begleitung und den Rückblick.

Die Qualität der Reflexion ist in der Regel ausschlaggebend für die Bewertung. Denn bewertet werden die Tiefe der Einsichten in den eigenen Lernprozess und die Qualität der Darstellung des eigenen Lernens. Nicht immer muss dies aber einzig durch den Dozenten geleistet werden. Gerade die Portfolio-Arbeit ermöglicht alternative und auch kooperative Bewertungsformen. Vielleicht ist vorgesehen, die Portfolios als Gruppenarbeit anzufertigen und schon bei der Erstellung Rückmeldung von den Gruppenmitgliedern einzuarbeiten. Denkbar ist auch, dass die Portfolios zwischen Peers (Gleichen) ausgetauscht, kommentiert und bewertet werden; hier zwischen den Studierenden. Auch ‚Kunden' können Portfolios bewerten.

Beispiel: Die Hochschule will ihre Darstellung verändern und dazu mit Studierenden aus Seminaren der Kommunikationswissenschaft, Informatik und Wirtschaftswissenschaften kooperieren. Die Studierenden arbeiten in interdisziplinäre Teams an unterschiedlichen Bereichen (Webpräsenz, Borschüren, Mitarbeiterzeitung). Am Ende der Arbeit sollen die Ergebnisse in Prozess-Portfolios präsentiert werden. Bestandteil der Portfolios soll eine Darstellung der Ausgangsprobleme, der Zielsetzung und des erreichten Ergebnisses sein. Zugleich sollen die Studierenden dokumentieren, wie sie in den interdisziplinären Teams kooperieren konnten und was sie bei und über der gemeinsamen Arbeit gelernt haben. Die besten Ergebnisse werden dadurch prämiert, dass die Hochschule die Überlegungen umsetzt.

Von der reflexiven Praxis, wenn sie denn schriftlich erfolgt, ist es nicht mehr weit zum reflexiven Schreiben im Portfolio. Die Texte, die Sie bereits im Verlauf formuliert haben, werden mit Blick auf Ihre Fragestellung, vielleicht die zentrale Einsicht, die Sie aus der Arbeit gezogen haben, möglicherweise auch mit Blick auf die Konsequenzen, die Sie ziehen, gesichtet und entsprechend ausgewählt. Ggf. müssen Sie die Texte noch einmal überarbeiten, damit sie leserbezogen sind, also verständlich, konkret genug, präzise, nicht zu weitschweifend, weniger umgangssprachlich. Dabei erlaubt das Portfolio eine größere stilistische Breite. Anders als in anderen akademischen Texten ist es beispielsweise erlaubt und sogar üblich, dass Sie „ich" verwenden, schließlich geht es um Ihre Einsichten. Ihr eigenes Schreiben wird insgesamt persönlicher, subjektiver.

Beispiel einer Studentin, die zunächst ihre Schreibentwicklung kennzeichnet, um dann besondere Schwierigkeiten beim Schreiben einer Hausarbeit herauszuarbeiten:

> *Das Schreiben ist nicht gleich Schreiben. Das Schreiben hat vielerlei Facetten, die sich je nach Verwendungszweck und -bedingungen unterschiedlich äußern. So empfand ich das Schreiben in meiner Kindheit als große Freude und war sehr stolz auf die Aneinanderreihung von Buchstaben zu bestimmten Wörtern und stärker noch auf meine künstlerischen Kreationen, die beispielsweise in der Bildung von Wortpaaren oder Wortspielen, bestanden. Mit zunehmendem Alter wuchs nicht nur meine Schreibkompetenz, sondern auch meine Schreibfaszination. Besonders dem Schönschreiben begegnete ich mit viel Zuwendung und Eifer. (...) Die Affinität zur Schriftsprache nahm jedoch zunehmend ab. Diese Schreibvernachlässigung lag einerseits am Schulstoff, der immer primär war und viel Zeit einnahm, und andererseits auch an meiner persönlichen Entwicklung. Ein Gespräch mit Freunden oder auch ein Film im Fernseher war nun interessanter und unterhaltsamer, als das isolierte Schreiben. Das einst verspürte Verlangen nach schriftlicher Fixierung war verschwunden und es trat die direkte Kommunikation in den Vordergrund. An der Stelle von Bleistift und Papier, traten nun Handy und Computer.*

9.3 Beispiele

Einige Beispiele finden Sie schon in den anderen Abschnittes dieses Kapitels eingearbeitet. Bislang weniger deutlich scheint, wie ein Portfolio aussehen kann (Struktur) und wie einzelne Dokumente eingearbeitet werden können.

Ein Portfolio sieht zunächst, falls es nicht andere Vorgaben gibt, aus wie eine Hausarbeit. Auch beim Portfolio haben Sie ein Deckblatt, auf dem die relevanten Informationen abgedruckt sind, und ein Inhaltsverzeichnis, das dem Leser erläutert, was er zu erwarten hat.

9.3.1 Deckblatt und Inhaltsverzeichnis

Universität zu Köln
Philosophische Fakultät
Institut für deutsche Sprache und Literatur II
Modul: Aufbaumodul Sprache (AMS)
Seminar: Disziplinenspezifisches Schreiben — Schreiben in der Wissenschaft (4350)
Dozentin: Kirsten Schindler
Wintersemester 2010/2011

Hausaufgaben-Portfolio

von XXX

Name
Adresse
Adresse

Matrikelnummer xxx
Lehramt Sonderpädagogik

Die Autorin hat sich in diesem Fall entschieden, jede der im Seminar bearbeiteten Hausaufgaben abzudrucken und im Anschluss kurz zu reflektieren. Die Unterscheidung zwischen Material (ihren eigenen Texten) und Kommentar wird hier durch die Gliederungspunkte deutlich.

Inhalt

9.3.2 Kontroversenreferat

Am Beispiel der Aufgabe „Kontroversenreferat" wird deutlich, wie die Autorin ihren eigenen Text einbettet und kommentiert.

7 Stellungnahme zur Rolle der wissenschaftlichen Kontroverse

7.1 Meine Stellungnahme

Textgrundlage:

Schindler, Kirsten/ Lehnen, Katrin/ Jakobs, Eva-Maria (2006): Zur Konzeptualisierung von Wissenschaft und Kontroverse bei SchülerInnen und Studierenden. In: Liebert, Wolf-Andreas/ Weitze, Marc-Denis (Hrsg.): Kontroversen. Bielefeld: transcript, 81-94.

Steinhoff, Torsten (2008): Kontroversen erkennen, darstellen, kommentieren. In: Festschrift für Gerd Fritz (online:fritz.de/files/steinhoff_2008_kontroversen_erkennen_darstellen_und_kommentieren.pdf; Publikationsdatum: 28.07.2008)

Kontroversen, also das kritische, oft gegensätzliche Nebeneinander von Standpunkten, sind charakteristisch für den wissenschaftlichen Erkenntnisprozess. Steinhoff (2008, S. 3) bezeichnet „Widerspruch [als] das zentrale Element moderner Wissenschaft, die [...] auf Erkenntnisgewinn ausgerichtet ist" und auch Schindler et al. (2006, S. 82) verstehen Kontroversen als „konstitutives Denk- und Arbeitsprinzip". Trotz dieser wichtigen Rolle fehlen bisher Konzepte in Schule und Universität, um dazugehörige Fähigkeiten zu vermitteln.
So erfahren Studenten, die zu Beginn ihres Studiums mit diesem Arbeitsprinzip konfrontiert werden, z.B. kaum gezielte Unterstützung. Darüber hinaus verhindern Einführungswerke und -veranstaltungen oft sogar, dass Kontroversen überhaupt wahrgenommen werden, indem sie das Nebeneinander von Theorien vereinfachen oder verkürzen, um es Studenten erst einmal leicht zu machen (vgl. Steinhoff 2008, S. 6).
Eine wichtige Grundlage für die Erarbeitung von Vermittlungskonzepten ist es also, die Vorstellungen zu Wissenschaft und Kontroverse bei der Zielgruppe überhaupt zu evaluieren. Schindler et al. (2006, S. 83) konzentrieren sich darauf, durch eine qualitative empirische Untersuchung das Wissenschaftsverständnis und das Kontroversekonzept bei Schülern und Studenten, sowie Faktoren, die diese beeinflussen, zu ermitteln. Hingegen beschreibt Steinhoff (2008) den Erwerb von Kontroversekompetenz und entwickelt ein mögliches Praxiskonzept, um diese an Studenten zu vermitteln. Kontroversekompetenz umfasst dabei die Fähigkeit, „Fachtexte aus kritischer Distanz zu referieren und zu kommentieren"

(ebd., S. 6). Ausgangspunkt ist bei Steinhoff das wissenschaftliche Schreiben, an dem Kontroversekompetenz sichtbar wird.
Was Schindler et al. (2006) dabei in ihren Interviews eruierten, bestätigen die Analysen studentischer Texte von Steinhoff (2008): Das Bewusstsein für die Wichtigkeit von Kontroverse ist bei Schülern und Studienbeginnern nicht bis kaum vorhanden (vgl. Schindler et al. 2006, S. 88f). Das schlägt sich auch in studentischen Texten nieder. Diese spiegeln anfangs ein Verständnis von Wissenschaft wider, in dem Forschung als einträchtige Arbeit von „Wahrheitsproduzenten" erscheint (Steinhoff 2008, S. 4), was auch dem öffentlichen Bild von Wissenschaft entspricht. Bei der Befragung von Schülern und Studienbeginnern wurde außerdem klar, dass sie in der Vielstimmigkeit der Forschung nicht einmal einen Nutzen erkennen und sie daher eher ablehnen (vgl. Schindler et al. 2006, S. 91).
Sowohl Schindler et al. (2006, S. 89) als auch Steinhoff (2008, S. 2) kommen zu dem Schluss, dass sich Kontroversekompetenz erst im Verlauf des Studiums entwickelt. Steinhoffs Thesen zur Herausbildung von Kontroversefähigkeit und die Aussagen aus der Erhebung von Schindler et al. stützen sich dabei gegenseitig.
Zu Beginn des Studiums erfolgt in studentischen Texten eine unkritische Übernahme von Aussagen, Gelesenes wird möglichst korrekt und häufig im Indikativ wiedergegeben und eine Diskussion der Ergebnisse findet nicht statt (vgl. Steinhoff 2008, S.7). Passend geben Studenten an, dass ihnen zu Beginn des Studiums nicht klar gewesen sei, wozu die Auseinandersetzung mit verschiedenen Theorien und Literatur überhaupt dient, Kontroversen wurden oft mit „Laberei" und „Beliebigkeit" gleichgesetzt (vgl. Schindler et al. 2006, S. 89f).
Im Verlauf des Studiums werden die Texte nun zunehmend reflektierter, Studenten nehmen die Rolle eines Moderators ein, der die Beiträge ordnet. Es finden erste Wertungen statt (vgl. Steinhoff 2008, S. 8). Auch in den Interviews wurde deutlich, dass sich erst nach der Zwischenprüfung das Verständnis von wissenschaftlichem Arbeiten verändert habe, Ergebnisse nicht als Wahrheiten, sondern als Gegenstand kontroverser Diskussionen verstanden worden seien (vgl. Schindler et al. 2006, S. 89).
Gegen Ende des Studiums werden zumindest von einem Teil der Studenten in Texten nun Forschungspositionen verglichen, eingeordnet und kommentiert, die Studenten nehmen teilweise die Rolle eines Forschers ein (vgl. Steinhoff 2008, S. 8f)
Gerade weil dieser Stand nur von einem geringen Teil der Studenten erreicht wird, wäre es wichtig, sie bei der Aneignung von Kontroversekompetenz zu unterstützen. Einen möglichen Weg präsentiert Steinhoff mit dem „Minimalmodell des wissenschaftlichen Streits". Dieses Modell, welches konkret, verständlich und mit einer umsetzbaren Schritt-für-Schritt-Umsetzung von Steinhoff beschrieben wird, sieht vor, zwei Texte mit unterschiedlichen Standpunkten zu vergleichen und zu kommentieren (vgl. ebd., S. 10ff).

Durch das frühe Einbeziehen von Kontroversen in das für die Wissenschaft so wichtige Schreiben können Studenten das vereinfachte öffentliche Wissenschafts-Verständnis überwinden, welches Schüler haben und welches im Falle eines Nichtstudiums auch weiterhin bestehen bleibt. Sie entwickeln ein realistisches Bild von Wissenschaft, was die Voraussetzung für die Aneignung von Kontroversekompetenz ist. So können sie das „konstitutive[s] Denk- und Arbeitsprinzip“ (Schindler et al. 2006, S. 82) der Kontroversen verinnerlichen. Erst dann ist echte Partizipation am Erkenntnisprozess der Wissenschaft möglich. Diese Schlussfolgerung wird sowohl von Schindler et al. (2006, S.82) als auch von Steinhoff (2008, S. 6) in ähnlicher Weise gezogen und untermauert.

7.2 Fazit

Beim nochmaligen Lesen meiner Stellungnahme ist mir aufgefallen, dass ich relativ oft Aussagen einander gegenüber stelle und sie weniger zur Fundierung eigener Formulierungen benutze. Hier ist eine Weiterentwicklung sicher noch möglich und — soweit ich das beurteilen kann — nötig. Trotzdem hat das Schreiben der Stellungnahme von allen Schreibaufgaben am meisten Spaß gemacht.

Die Reflexion ist interessant, aber recht knapp. Die Formulierung „Trotzdem hat das Schreiben der Stellungnahme von allen Schreibaufgaben am meisten Spaß gemacht“ ist zum einen als Gegensatz („trotzdem“) zum anderen in der pauschalen Aussage („Spaß gemacht“) nicht gut nachzuvollziehen. Hier würde man sich wünschen, genauer zu erfahren, was Spaß gemacht hat (was genau Spaß bedeutet?), warum es Spaß gemacht hat und ggf. auch, wie es möglich wird, dass das Schreiben anderer Texte ebenfalls solchen Spaß macht.

9.4 Das Portfolio schreiben – Schritt für Schritt

In einem Portfolio werden üblicherweise mehrere Prozessschritte nacheinander (denkbar auch parallel oder versetzt) nachvollzogen. Es ist nicht immer ganz leicht, den Überblick zu behalten.

Schritt 1: Die Portfolioarbeit im Überblick

Am Anfang steht die Definition des Kontextes (Zielsetzung, Fragegestellung, Inhalt), anschließend werden Dokumente gesammelt und ggf. annotiert (mit entsprechend zusätzlichen Daten versehen; von wann ist der Text, die wievielte Version o.a.?). Die Dokumente können je nach Portfolio-Typ eher als Lernprozessbeschreibungen oder als Lernprodukte dienen. Aus den gesammelten Dokumenten wird entsprechend der Fragestellung eine Auswahl getroffen. Die Fragestellung wird für das Portfolio formuliert, die Reflexion wird vorbereitet und im Portfolio verankert. Das Portfolio wird abschließend zusammengestellt.

Tätigkeit	Bearbeitungszustand (√)	Kommentar
Vorbereitende Tätigkeiten		
Auswahl eines Themenbereichs/ Inhalts		
Klären eigener Ziele und Zielvorgaben		
Fragestellung explizieren		
Formulieren von Handlungsstrategien		
Zeit- und Arbeitsplan erstellen		
Vorbereitende Reflexion (s.u.)		
Begleitende Tätigkeiten		
Dokumente erstellen		
Dokumente sammeln		
Dokumente auswerten		
Auswahl treffen		
Anordnung festlegen		
Zwischenfazit zum Arbeitsprozess		
Begleitende Reflexion (s.u.)		
Schreibende und abschließende Tätigkeiten		
Dokumente ausdrucken / einscannen (ggf. weiter bearbeiten)		
Dokumente anordnen		

Tätigkeit	Bearbeitungszustand (√)	Kommentar
Inhaltsverzeichnis erstellen		
Deckblatt und Rücken erstellen		
Reflexionen platzieren		
Überarbeitung		
Abschließende Reflexion (s.u.)		

Checkliste zur Zusammenstellung eines Portfolios

Schritt 2: Reflexionen im Arbeitsprozess

Das Reflektieren sollte nicht auf die letzte Arbeitsphase beschränkt werden, sondern kontinuierlicher Bestandteil Ihres Arbeitens sein. Stellen Sie sich entsprechend Ihrer Arbeitsphase die folgenden Fragen und beantworten Sie diese schriftlich. Sammeln Sie Ihre Notizen!

- Fragen für die vorbereitende Reflexion: Erwartungen (Thema/Arbeit)? Was könnte interessant werden? Was weniger? Welche Aufgaben und Herausforderungen kommen auf mich zu? Wo sehe ich Spielräume? Was wird mir leichtfallen, was schwer? Was möchte ich erreichen? Wie viel Zeit und Engagement kann und will ich aufbringen? Wer oder was kann mir helfen?
- Fragen für die begleitende Reflexion: Wie habe ich bislang gearbeitet und gelernt? Was ging gut, was nicht? Was ist an Neuem aufgetaucht? Wo stehe ich derzeit? Was ist fertig? Was noch offen? Wieweit habe ich Ziele und Vorgaben schon erreicht? Was sind die nächsten Schritte? Wozu brauche ich jetzt Beratung und Unterstützung? Wer könnte mir diese geben?
- Fragen für die abschließende Rückschau: Wo bin ich losgegangen? Was waren meine Ziele? Wo bin ich angekommen? Was hat mir besonderen Spaß gemacht? Was waren meine Lernhöhepunkte? Welche neuen Interessen habe ich entwickelt? Wieweit entspricht meine Arbeit den Zielen und Vorgaben des Unterrichts? Wie bewerte ich meine Leistungen im Rückblick? Konsequenzen (und neue Ziele) für die nächsten Projekte?

Schritt 3: Wenn das Reflektieren nicht so will – Umwege nutzen

Um ins (reflexive) Schreiben zu kommen, bieten sich manchmal vermeintliche Denk-Umwege an. In den nachfolgenden Übungen finden Sie solche Denk-Umwege, die Sie in Ihrem Schreiben provozieren sollen.

Übung

Eine andere Entwicklung
Schreiben Sie Ihren Arbeitsprozess bzw. die Entwicklung dieses Arbeitsprozesses um. Fragen Sie sich und schreiben Sie das dann 3 Minuten lang auf: Was wäre passiert, wenn... oder auch: was würde passieren, wenn...

Sie erkennen vielleicht, dass Sie am Ende Ihres Arbeitsprozesses nicht mit Ihrem Ergebnis zufrieden sind. Stellen Sie sich nun vor, Sie haben Ihr perfektes Arbeitsergebnis erreicht. Überlegen Sie, wie Sie sich dabei fühlen? Wie sieht das Arbeitsergebnis aus? Wie reagieren andere darauf? Vielleicht stellen Sie nun fest, dass das Ergebnis unrealistisch war und Sie Ihre Ansprüche neu überdenken müssen, vielleicht können Sie nun das Erreichte auch anders schätzen.

Übung

Eine Arbeit berichtet
Lassen Sie Ihre Arbeit selbst zu Wort kommen. Denn Ihre Arbeit kennt den Entstehungs- und Entwicklungsprozess am besten. Beginnen Sie einen kurzen Text mit den Worten: „Ich bin die Arbeit von (Ihr Name)...“. Schließen Sie nach spätestens 10 Minuten.

Diese Übung soll Ihnen helfen, Distanz zum eigenen Tun aufzubauen. Wenn Sie die Perspektive Ihrer Arbeit aufgreifen, können Sie Entwicklungsschritte objektiver beobachten und beschreiben. Das hilft Ihnen, um zu klären, was Sie eigentlich getan haben ohne dies direkt mit Bezug auf Sie selbst zu bewerten.

Übung

Tabellarisches Resümee
Gestalten Sie eine Tabelle. Schreiben Sie links alles auf, was Sie erreicht haben (sozusagen der Ist-Stand), vermerken Sie in der Mitte alles, was Sie noch vorhaben (der Soll-Stand) und lassen Sie rechts Platz für mögliche Lösungen. Gesamtdauer: 10 Minuten.

Häufig lässt man sich von dem entmutigen, was noch alles zu tun ist und kann nicht wertschätzen, was schon erreicht wurde. Auch kann jedes Problem als ein ganz neues, noch nie vorhandenes Problem wahrgenommen werden. Wenn Sie sehen, dass Sie viele Arbeitsschritte schon erfolgreich absolviert haben und dafür bestimmte Strategien hilfreich waren, dann hilft Ihnen das auch, diese Strategien für die nächsten Schritte heranzuziehen. Es kann Ihnen aber auch helfen, etwas Wichtiges über Ihr eigenes Arbeiten und Lernen zu erfahren, was Sie dann wieder zum Thema in Ihrem Portfolio machen können.

Übung

Charakterstudie
Beschreiben Sie sich selbst zu Beginn Ihres Arbeitsprozesses als Arbeitender A und skizzieren Sie zentrale Eigenschaften. Beschreiben Sie sich anschließend als Arbeitender B und beziehen Sie sich dabei auf das Ende des Arbeitsprozesses. Fragen Sie sich dann: Was unterscheidet A von B? Notieren Sie sich die wichtigsten Unterschiede. Gesamtdauer: 10 Minuten.

Jede tiefere Auseinandersetzung mit einem Gegenstand hinterlässt auch Spuren in unserem Herangehen an Probleme, aber auch in unserer Wahrnehmung von uns selbst. Eine solche Spur nachzuzeichnen, ist zentraler Gegenstand eines Prozess-Portfolios. Die Übung kann helfen, solche Spuren aufzudecken.

10 Das Exposee

Mit einem Exposee werden Sie vermutlich erst zum Ende Ihres Studiums konfrontiert. Exposees werden immer dann verlangt, wenn es darum geht, größere Textvorhaben zu planen bzw. anderen diese Planung zu präsentieren. Ein Exposee wird möglicherweise von Ihnen eingefordert, wenn Sie Ihre Bachelor- oder Masterarbeit schreiben wollen oder vorhaben zu promovieren. Üblich ist ein Exposee bei einem Promotionsvorhaben, beispielsweise, wenn Sie sich bei einer Stiftung um eine finanzielle Förderung bewerben wollen. An dem Exposee wird dann entschieden, ob das Vorhaben realistisch, innovativ und förderungswürdig ist und die Kandidatin ein Stipendium erhalten kann. Das Exposee ist in die Zukunft gerichtet. Es gibt darüber Aufschluss, was das Thema, die Fragestellung und Zielsetzung Ihres Textes sind, aber auch, wie Sie Ihr Vorhaben umsetzen, mit welcher Methode Sie arbeiten wollen, welche Daten Sie heranziehen können, wie die Auswertung aussehen wird, auf welche Literatur Sie Ihre Überlegungen beziehen können und wann Sie welche Schritte dieses Vorhabens umsetzen wollen.

10.1 Formen und Funktionen

Das Exposee hat je nach Adressat unterschiedliche Funktionen. Zu unterscheiden sind der **Betreuer einer Arbeit** oder eine **Institution**, die über eine Förderung entscheidet.

Schreiben Sie ein **Exposee für Ihre Betreuerin**, dann will sie etwas über die inhaltliche Ausrichtung Ihrer Arbeit, aber auch den aktuellen Arbeitsstand wissen, beispielsweise, welche Literatur Sie schon gesichtet, ob Sie sich mit einer Arbeitsmethode bereits vertraut gemacht haben etc. Ihr geht es darum zu klären, ob das Thema in der Zeit bearbeitbar ist. Sie wird daran interessiert sein, worin mögliche bzw. anvisierte Schwierigkeiten liegen (könnten), z.B. dass Datenquellen nicht zugänglich sind oder die wichtigste Literatur in einer Sprache verfasst ist, die Sie nicht beherrschen.

Das Exposee dient im Kontakt mit der Betreuerin dann als Gesprächsgrundlage und möglicherweise auch zur weiteren Eingrenzung oder Veränderung des Themas. Das Exposee spiegelt dabei zwar den gerade aktuellen Stand der Arbeit wieder; es werden sich im Verlauf der Bearbeitung also aller Voraussicht nach noch mehr oder weniger gravierende Änderungen ergeben. Ein gutes Exposee fungiert aber als Kompass und auch Korrektur des gesamten Arbeitsprozesses. Für den zu schreibenden Text stellt es eine wichtige inhaltliche und organisatorische Planungsgrundlage dar.

Mit dem Exposee sollen aus Sicht des Betreuers vor allem folgende Fragen geklärt werden:

- **Themenwahl**: Eignet sich das Thema für eine Bachelor-, Master- oder Doktorarbeit? Kann das Thema im Fachbereich bearbeitet werden? Könnte es formale Probleme bei der Anmeldung geben? Ist das Thema zugleich hinreichend innovativ und ausreichend bearbeitbar für den Kandidaten?
- **Fragestellung/Hypothesen**: Ist die Fragestellung klar und präzise formuliert? Sind eigene Hypothesen erkennbar?
- **Zielsetzung**: Ist das Ziel realistisch umsetzbar? Passen Fragestellung und Zielsetzung zueinander? Es ist auch wichtig, zu unterscheiden, was jeweils was ist. Die Fragestellung Ihrer Arbeit könnte beispielsweise lauten: Können Kinder in der Vorschule argumentieren? Sie wollen die Befunde zu dieser Frage auf der Grundlage der Forschungsliteratur darstellen. Ihr Ziel ist also, eine Übersicht zum Stand der Forschung zu liefern. Die oben beschriebene Frage könnten Sie auch empirisch klären wollen. Dann ist die Zielsetzung Ihrer Arbeit, einen empirischen Beitrag zur Diskussion zu liefern.
- **Literatur- und Materialgrundlage**: Wie ist der Stand der Literatursuche: Ist die Recherche und Sichtung abgeschlossen? Sind die notwendigen Materialien (z.B. Gesprächsdaten, historische Quellen) zugänglich? Ist die Literaturgrundlage zur Bearbeitung des Themas geeignet (z.B. aktuell genug)?
- **Methoden**: Ist die Kandidatin mit den Forschungsmethoden bereits vertraut? Welche weiteren Kenntnisse sind notwendig und wie und wo können sie erworben werden?
- **Zeitplanung**: Ist die Zeitplanung realistisch? Welche anderen Aufgaben (weitere Prüfungen) müssen im Zeitraum absolviert werden? Wie sind die Fristen des Prüfungsamtes gesetzt?

Tipp

> Nicht alle Betreuenden verlangen ein Exposee. Da es in der Planung größerer Textprojekte und auch der gemeinsamen Verständigung mit dem Betreuer aber eine wichtige Hilfestellung darstellt, bieten Sie von sich aus an, ein Exposee einzureichen. Das kann auch weniger umfangreich sein als hier beschrieben. Wichtig ist, eine gemeinsame Orientierung für die Arbeit zu vereinbaren und diese Orientierung schriftlich zu dokumentieren. Ein solches Exposee kann dann auch die Funktion übernehmen, wie es eine Einleitung tut, nämlich die Arbeit in eine bestimmte Richtung zu lenken. Während es aber nicht sinnvoll ist, die Einleitung schon zu Beginn der Arbeit zu schreiben (sie wird sich ohnehin ändern), so ist das beim Exposee geradezu funktional.

Wenn Sie sich mit einem **Exposee bei einer Stiftung** oder einer anderen Förderungsinstitution um ein Stipendium bewerben, dann geht es darum, dass Sie deutlich die Qualität Ihres Vorhabens herausarbeiten, aber auch Ihre eigenen Fähigkeiten betonen, um Ihr Vorhaben umzusetzen.

Tipp

> Machen Sie deutlich, welche Qualifikationen Sie haben und untermauern Sie Ihre Expertise glaubwürdig über zusätzliche Informationen, z.B. über Zeugnisse, Beurteilungen, einen ansprechenden Lebenslauf.

In Ihrem Exposee müssen Sie also den schmalen Grat zwischen Beschreibung Ihres Vorhabens und Überzeugung der Entscheider bzw. Bewerbung Ihrer eigenen Person einhalten. Sie müssen der Stiftung oder einer anderen Förderungsinstitution deutlich machen, dass ihr Geld bei Ihnen gut investiert ist. Hier gilt es also, das Exposee auch auf die Ziele der Institution zuzuschneiden.

Tipp

> Informieren Sie sich genau über das Profil des Geldgebers und seiner Förderkriterien. Geht es der Institution beispielsweise um wissenschaftliche Exzellenz oder geht es darum, soziale Kriterien

>> der Verteilung anzulegen? Kommen Sie aufgrund Ihrer Biographie möglicherweise für ein besonderes Stipendium in Frage? Können Sie etwas darüber herausfinden, wie viele Vorhaben bzw. welche Art von Vorhaben gefördert werden? Ist es beispielsweise schon möglich, sich mit einer Examensarbeit zu bewerben?

Die Förderinstitutionen informieren in der Regel auch über Vorgaben zur Form des Exposees, also wie lang soll der Text sein, welche Aspekte müssen bearbeitet werden, in welcher Sprache soll er abgefasst sein, welche anderen Dokumente müssen Sie beilegen, welche Fristen sind einzuhalten etc. Der Förderinstitution geht es bei diesen Vorgaben um die Sicherung eines reibungslosen Ablaufes und die bessere Möglichkeit der Vergleichbarkeit. Ihnen bieten solche Hinweise, die Sie in der Regel über die Webseiten recherchieren können, eine wichtige Orientierung.

Tipp

>> Eine gute Sichtung der von der Förderinstitution zur Verfügung gestellten Materialien in der Vorbereitung erspart bei der Bearbeitung des Exposees viel Zeit und Mühe und erhöht die Chancen auf einen positiven Bescheid.

Eine Förderinstitution wird das Exposee vor allem auf folgende Kriterien prüfen:

- **Ziele der Institution**:
  - Passt das Thema (Projekt) zu unseren Förderzielen?
  - Greift das Exposee wichtige Themen (auch Terminologie) unserer Ausschreibungen auf?
- **Exposeeexterne Kriterien**:
  - Ist das Projekt in dem angegebenen Zeitraum und zu den veranschlagten Kosten zu realisieren? Mit welchen alternativen Projekten steht es in Konkurrenz?
  - Lassen sich Synergien zu anderen Projekten denken?
- **Exposeeinterne Kriterien / formale Kriterien**:
  - Sind die Vorgaben zum Antragstext eingehalten?
  - Liegen in der Person des Bewerbers Ablehnungsgründe (Qualifikation etc.)?
  - Sind Vorarbeiten erkennbar?

- **Exposeeinterne Kriterien / inhaltliche Kriterien**:
  - Sind Thema, Fragestellung und Zielsetzung relevant?
  - Sind Vorgehensweise und Methoden für das Thema angemessen?

In machen Institutionen ist es üblich, zunächst eine kurze Skizze einzureichen, auf die Feedback gegeben wird. Nutzen Sie diese Möglichkeit. Sie erlaubt Ihnen bei der Formulierung des längeren Exposees adressaten- und zielgerechter zu formulieren. Suchen Sie sich ansonsten Probeleserinnen, die Ihren Text auf seine Stimmigkeit und seine Überzeugungskraft prüfen. Auch Ihre Betreuerin können Sie darum bitten. Listen mit Förderinstitutionen finden Sie beispielsweise über Serviceseiten zum Studium (z.B. studieren.de), aber auch Ihre Institution (Uni, FH) wird Ihnen Informationen darüber geben können, einen Überblick über Wissenschaftsstiftungen finden Sie beim Stifterverband (http://www.stifterverband.org), zudem informieren zahlreiche Bücher zum Thema (z.B. Studieren mit Stipendium von Horst H. Siewert). Die Stiftungen und Förderinstitutionen sind über ihre Webseiten und zumeist auch telefonisch erreichbar.

10.2 (Sprachliche) Gestaltung

Die Struktur wird ganz maßgeblich vom Adressat Ihres Exposees abhängen. Dennoch sind einige Aspekte in der Regel **obligatorisch**:

- das **Thema** (in der Überschrift benennen),
- die **Fragestellung**,
- die **Zielsetzung und die Ergebnisse**, die Sie realistischer Weise erwarten,
- die **Vorgehensweise**, hierunter fallen auch die empirischen bzw. experimentellen Methoden, die Sie nutzen wollen,
- der **Forschungsstand** (hier können Sie auch schon die wichtigste Literatur angeben),
- die **Arbeitsschritte** und Ihre **Zeitplanung** (idealerweise miteinander verschränkt).

Zusätzlich werden je nach Adressat (siehe Ausschreibungstext) zusätzliche Aspekte eingefordert:

- **Ausgangslage**: In der Ausgangslage beschreiben Sie ein Desiderat (Forschungslücke, die wünschenswerterweise geschlossen werden soll) oder benennen Defizite (falsche oder fehlende Entwicklungen in der Forschung), Sie sollten deutlich machen, dass Sie bereits einen Überblick

über die Forschung haben (aktuellere Monographien und Sammelbände kennen), Sie brauchen aber nicht die gesamte Forschung aufzubereiten.
- **Relevanz** Ihres Projektes: die Relevanz steht in unmittelbarem Bezug zur Ausgangslage. Ihr Projekt zielt darauf ab, dem Desiderat zu begegnen, das Defizit aufzulösen,
- **Vorarbeiten**: Wie erfahren sind Sie bereits mit dem Gegenstand, den Methoden, die Sie einsetzen wollen etc.?
- **Kostenplan**: Welche Kosten werden im Verlauf entstehen (Reisekosten, Materialkosten, Kosten für Probanden/Experimente)?
- **Gelingenswahrscheinlichkeit**: Wie hoch ist die Wahrscheinlichkeit, dass Ihr Projekt gelingt, also die erhofften Ergebnisse auch wirklich erreicht werden? Sind die Methoden erprobt? Ist die Datengrundlage zuverlässig?
- **Partner und Zusammenarbeit**: Können Sie wissenschaftliche Kontakte für Ihre Arbeit vorweisen? Lassen sich Zusammenarbeiten denken, um Zeit und Geld einzusparen?
- **Nachhaltigkeit und Öffentlichkeitsarbeit**: Immer wichtiger wird für Geldgeber, was mit den von Ihnen geförderten Projekten passiert und wie Ergebnisse wieder zurück an die Öffentlichkeit (oder an die Stiftung) gelangen.

Tipp

>> Versuchen Sie sich in die Position des Gutachters zu versetzen! Dazu ist es hilfreich, sich ein genaues Bild zu machen: Unter welchen Bedingungen (Zeit, konkurrierende Exposees etc.) liest er den Text? Welche fachlichen Vorerfahrungen hat er? Wie ausführlich bzw. knapp müssen bzw. können Sie bestimmte Sachverhalte darstellen?

Ein wichtiges Bewertungskriterium für die Gelungenheit eines Exposees ist die überzeugende Argumentation. Das gilt zwar für alle wissenschaftlichen Texte, in dem Exposee aber in besonderer Weise, da die Argumentation hier auf sehr engem (und in der Regel vorgegebenem Raum) vollzogen werden muss. Sie sollten also klar unterscheiden und das auch Ihrem Leser darstellen können, von welchen Annahmen Sie ausgehen, was Ihre Thesen sind und worin Sie Belege (Literatur) für Ihre Thesen sehen. Sie sollten auch deutlich machen, dass Sie sich mögliche Einwände gegen Ihre Überlegungen vorstellen können und eine Idee haben, wie diese entkräftet werden können.

Bei Exposees, in denen der Umfang in der Regel klar vorgegeben und eher knapp bemessen ist, sollten Sie in besonderer Weise darauf achten, kurz und zugleich prägnant zu formulieren. Sprachlich erreichen Sie dies, indem Sie:

- möglichst konkrete Ausdrücke verwenden und Vagheiten vermeiden,
- überflüssige Wörter, formelhafte Wendungen und Füllwörter aussparen,
- Nominalisierungen ggf. auflösen,
- keine begrifflichen Variationen nutzen.

Oft sind Ausdrücke unnötig komplex. Sie werden dadurch nicht präziser, sondern nur länger wie *Beachtung schenken, in Betracht ziehen, Schwerpunkte legen, im Rahmen dieser Arbeit, unter Zuhilfenahme von, zu einem späteren Zeitpunkt, notwendiger Handlungsbedarf, zusammen mit, die gemachten Erfahrungen, von mir erdachte fiktive Situation, sozusagen, bessere Optimierungsvorschläge, kontroverse Diskussionen.*

Übung

Versuchen Sie den Ausdruck zu kürzen bzw. treffender zu formulieren. Halten Sie dazu zunächst die rechte Spalte zu.

Beachtung schenken	beachten
In Betracht ziehen	betrachten
Schwerpunkte legen	gewichten
Im Rahmen dieser Arbeit	in dieser Arbeit
Unter Zuhilfenahme von	mit
Zu einem späteren Zeitpunkt	später
Notwendiger Handlungsbedarf	Handlungsbedarf
Zusammen mit (analog wie „gemeinsam mit")	mit
Die gemachten Erfahrungen	Erfahrungen
Von mir erdachte fiktive Situation	Fiktive Klasse
Sozusagen (auch natürlich, sicherlich, selbstverständlich)	–
Bessere Optimierungsvorschläge	Optimierungsvorschläge
Kontroverse Diskussionen	Diskussionen

Achten Sie darauf, nicht unnötige Füllwörter zu benutzen. Diskussionen sind in der Regel kontrovers, so wie Optimierungen immer per se eine Verbesserung darstellen sollten, Erfahrungen hat man gemacht und etwas Erdachtes ist zunächst fiktiv. Wenn Sie es also mit dieser Form von Doppelungen zu tun haben, können Sie getrost Platz sparen und einen Teil streichen. Wenn Sie in die Verlegenheit kommen sollten, dass in Ihrem Exposee etwas „selbstverständlich“, „natürlich“, „sicherlich“ oder „ohne Frage“ so ist, dann sollten Sie genau prüfen, ob Sie es wirklich mit einem relevanten, wissenschaftlichen Problem zu tun haben.

Das Exposee sollte deutlich gegliedert sein und sich in den Gliederungsüberschriften an den Vorgaben des Betreuers bzw. der Institution orientieren, für die Sie sich bewerben. Zur besseren Sichtbarkeit der inneren Gliederung können Sie verschiedene Markierungen nutzen: Titel und Zwischenüberschriften, Absätze, optische Hervorhebungen. Gehen Sie aber sparsam mit Ihren Markierungen um, da sonst die Lesbarkeit deutlich erschwert wird.

Titel: Häufig bietet es sich an, einen kurzen und prägnanten Haupttitel zu formulieren, der durch einen Untertitel spezifiziert wird. Denkbar ist es auch, in dem Titel bereits die Forschungsfrage zu formulieren. Aus Sicht der begutachtenden Institution sollte der Titel bereits klar die Thematik umreißen, eine Einordnung in einen der Themenschwerpunkte ermöglichen und die Ableitung eines Kennwortes bzw. Kürzels ermöglichen.

Beispiele

Analyse und Förderung des lautanalytischen Sprachbereichs – Wie profitieren Kinder mit ungünstigen Startvoraussetzungen?

Damit es nicht zum Verstummen kommt! Kreatives Schreiben und Grammatik im DaZ-Unterricht.

Graffiti auf der Schultoilette. Untersuchungen einer speziellen Form der Kommunikation Jugendlicher.

Übung

Formulieren Sie einen Titel zu Ihrem Exposee. Nennen Sie einem Freund den Titel und fragen Sie danach, welche Erwartungen er mit dem Titel verbindet.

Absätze: In einem Absatz formulieren Sie einen Gedankengang. Er erlaubt dem Leser eine gedankliche Pause. Ein Absatz ist die mittlere Größe auf Kapitelebene (zwischen Satz und Abschnitt). Sie sollten also nicht nach jedem Satz einen Absatz machen, auch ist es wenig zielführend über mehrere Seiten keinen Absatz zu haben.

Optische Hervorhebungen: In der Regel können Sie zwischen Fett- und Kursivdruck (letztere in der Regel zur Hervorhebung wichtiger Begriffe) und Schriftgröße wählen (größere Schrift beispielsweise für die (Zwischen-)Überschriften). Es ist nicht sinnvoll im laufenden Text die Schriftart zu wechseln.

Zusammenfassungen: Da Exposees kurz sind (zwischen 3-10 Seiten) sollten Sie Zusammenfassungen nur sparsam verwenden. Die Leserin ist in der Lage sich bei einem entsprechend kurzen Text die wichtigsten Aspekte zu merken.

Notwendiger Bestandteil und eine der wichtigen Bewertungsgrundlagen eines Exposees ist die **Zeitplanung**. Wichtige Hinweise zur Zeitplanung finden Sie beispielsweise bei Edith Püschel (2010). Bei der Planung Ihres Textvorhabens sollten Sie zum einen sich selbst als Schreiberin und die Bedingungen, unter denen Sie Texte verfassen, gut einschätzen, sie sollten sich zum anderen über Fristen informieren, an denen Sie Ihr Textvorhaben ausrichten müssen. Das gilt beispielsweise, wenn Sie Ihr Thema durch das Prüfungsamt genannt bekommen und erst dann mit der Arbeit starten können. Rechnen Sie bei Ihrer Zeitplanung immer rückwärts – vom Abgabedatum aus. Kalkulieren Sie einerseits die Überarbeitungsphase realistisch ein (Korrektur, Formatierung), erwarten Sie andererseits, dass Sie in Ihrem Arbeitsvorhaben gestört werden. Gerade bei längeren Textvorhaben ist es wahrscheinlich, dass Sie krankheitsbedingt einige Tage pausieren müssen.

Tipp

>> Versuchen Sie möglichst früh im Arbeitsprozess zu schreiben und beispielsweise Exzerpte anzulegen; das erspart Ihnen die zunächst investierte Zeit im Verlauf wieder ein.

Das Exposee kann und soll auch dazu dienen, Probleme zu benennen und Schwierigkeiten realistisch einzuschätzen. Studierende haben oft Sorge, dass sie dann inkompetent wirken. Diese Sorge ist dann unberechtigt, wenn die Probleme und Schwierigkeiten sachbezogen sind, also z.B. wie gehe ich mit personenbezogenen Quellen um, was mache ich, wenn Literatur nicht mehr zugänglich ist und ich nur aus zweiter Hand zitieren kann, wie viele Fragebögen machen eine empirische Studie glaubhaft. Auch persönliche Probleme sind echte Probleme (fehlende Zeit, mangelnde Organisation, Motivationsprobleme, Schwierigkeiten beim Recherchieren) gehören aber weniger ins Exposee, sondern können besser im Gespräch geklärt werden. Schwierig ist nämlich, dass das Exposee beim Betreuer bleibt und ein solcher, möglicherweise momentaner Eindruck auch zu einem späteren Zeitpunkt wiederaufgegriffen wird.

10.3 Beispiele

Im Folgenden finden Sie ein Exposee zu einer Staatsexamensarbeit, die inzwischen mit sehr gutem Erfolg abgeschlossen wurde. Die Autorin unterscheidet in Ihrem Exposee klar zwischen den einzelnen Bestandteilen: Hintergrund/Relevanz (hier beschrieben als *Einleitung/Problematisierung*), Stand der Forschung, Fragestellung, Methodik, Arbeits- und Zeitplan, Gliederung und Literatur; Letzteres wurde weggelassen. Durch einen solchen, auch inhaltlich gefüllten, Aufbau zeigt die Autorin auch, dass ihre Fragestellung in den Diskurs der Forschung eingebettet ist, bereits auf Vorarbeiten aufsetzen kann und dennoch einen eigenen Ansatz wählt. Einzig der Zeitplan ist noch nicht genau genug. Hilfreich wäre hier konkrete Zeitpunkte (mit Monat und Jahr, ggf. Kalenderwochen) festzulegen.

Exposé zu meiner Staatsexamensarbeit mit dem Thema: „Toiletten-Kommunikation und Jugendsprache"

EINLEITUNG / PROBLEMATISIERUNG

Wer kennt sie nicht, die wild beschrifteten, bemalten und beklebten Wände einer Toilettenzelle? Einige bezeichnen sie als bloße Schmiererei und stören sich an der Verunreinigung der Wände. Andere hingegen sehen darin eine willkommene Abwechslung, fühlen sich unterhalten oder werden vielleicht selbst kreativ. Diese Art der Gestaltung von Toilettenzellen ist unter dem Begriff Klo-Graffiti bekannt. Obwohl von der Erscheinungsform Graffiti im Allgemeinen schon unzählige wissenschaftliche Ausführungen existieren, ist die wissenschaftliche Auseinandersetzung mit dem Thema Klo-Graffiti noch recht jung.

Der Begriff Graffiti ist die Pluralform von Graffitio, stammt aus dem Italienischen und bedeutet soviel wie „gekratzt", „das Gekratzte" (vgl. Fischer 2009:5). Das Anfertigen von Graffitis hat eine uralte Tradition. So zeigen Funde aus der Altsteinzeit bemalte Höhlen und Steine die verschiedene Jagdszenen darstellen (vgl. van Treeck 1993:161). Auch im weiteren Verlauf der Geschichte versuchten sich Menschen durch das Einritzen, Bemalen oder Beschriften an öffentlichen Plätzen zu verewigen. Diese Art der Verewigung wird heute gemeinhin als Graffiti bezeichnet. Auch das Phänomen Klo-Graffiti hat nachweislich eine lange Tradition. So konnten schon Graffiti in Bedürfnisanstalten der alten Römer gefunden werden.

Heute werden Klo-Graffiti häufig als Ausdrucksform jugendlicher und junger Erwachsener in Schulen, Sporthallen oder Universitäten wahrgenommen. Im Unterschied zu der landläufigen Meinung dieses vor allem als lästige Schmierereien zu werten, fragt meine Untersuchung nach den Hintergründen jugendlicher Klo-Graffiti.

STAND DER FORSCHUNG

Die wissenschaftliche Auseinandersetzung mit dem Thema Klo-Graffiti begann erst in der Mitte des 19. Jahrhunderts. Einige Sammlungen aus dem französisch-österreichischen Raum befassten sich mit dem Schreiben auf der Toilette im Allgemeinen oder sammelten Reime, die sie in unterschiedlichen Klozellen fanden. Im weiteren Verlauf rückte das Thema dann immer stärker in den Fokus der Sexualforschung. Gegenstand der Betrachtung war unter anderem „Graffiti im Zusammenhang mit der sexuellen Sphäre" (Siegel 1993:16). Der Amerikaner Allen Walker Read sammelte ab 1928 Sprüche auf öffentlichen Toiletten und veröffentlichte diese in einem Lexikon. Bei späteren Untersuchungen von Klo-Graffiti rückte der genderspezifische Aspekt in den Vordergrund. So beschäftigten sich der Amerikaner Alfred Kinsey (1967) und später im deutsch-österreichischen Raum

Norbert Siegel (1980) mit den Unterschieden der Klo-Graffiti von Frauen und Männern. Während Kinsey bei der Gegenüberstellung der Klo-Graffiti unter anderem die Einstellung der Geschlechter zu Homosexualität und Rassismus untersuchte, befasste sich Siegel mit der Häufigkeit von Klo-Graffiti auf Damen- und Herrentoiletten. Er kam zu dem Ergebnis, dass „in den Männertoiletten signifikant mehr Graffiti produziert werden als in Frauentoiletten" (Siegel 2000:18). Weiterhin untersuchte er die Themen der Klo-Graffiti und gab Auskunft über die sprachlichen Besonderheiten und Unterschiede der Geschlechter. (Fischer 2009:7) 2009 veröffentlichte Katrin Fischer im Zuge ihrer Diplomarbeit eine von ihr durchgeführte Studie, in der sie die „durch den medialen Raum Klozelle beeinflussten sprachlichen und formalen Merkmale" (Fischer 2009:7) der Klo-Graffiti untersuchte. Gegenstand der Untersuchung waren halb-öffentlichen[1] Toiletten.

HINFÜHRUNG ZUR FRAGESTELLUNG

In meiner Staatsexamensarbeit möchte ich mich ebenfalls mit dem Thema Klo-Graffiti beschäftigen. Dabei werde ich jedoch nicht der Frage nachgehen, inwieweit sich die Klo-Graffiti von Männern und Frauen unterscheiden, sondern, in Anlehnung an Fischer, auf ihre sprachlichen Merkmale eingehen und Klo-Graffiti als ein eigenständiges Kommunikationsphänomen betrachten. Weiter einschränkend soll meine Untersuchung sich auf Klo-Graffiti als Kommunikationsmedium von Jugendlichen konzentrieren.

Ich werde mich dieser Thematik zunächst auf schriftlinguistischer Basis bzw. mit der besonderen Form von Medienkommunikation nähern, um daran besondere Merkmale der schriftlichen Kommunikation Jugendlicher aufzuzeigen. Dies erscheint zum einen vor dem Hintergrund als sinnvoll, dass die bisherige Jugendsprachforschung sich in erster Linie mit der schriftbasierten Kommunikation Jugendlicher in den modernen Medien wie beispielsweise Email, Chat oder Messenger beschäftigt, Klo-Graffiti jedoch weitgehend unbeachtet bleiben. Zum anderen wurde in den bisherigen Arbeiten zu Klo-Graffiti die jugendsprachliche Perspektive nicht ausreichend beachtet. Eine Betrachtung von Klo-Graffiti aus einer jugendsprachlichen Perspektive erscheint demnach aus beiden Perspektiven als fruchtbar.

FRAGESTELLUNG

Dementsprechend möchte ich herausarbeiten *wie* jugendliche auf der Toilette schriftlich kommunizieren und versuchen in Ansätzen zu rekonstruieren, *mit wem* kommuniziert wird.

---

1 Eine halb-öffentliche Toilette unterscheidet sich von einer öffentlichen Toilette darin, dass sie in eine räumlich-bauliche Struktur eingebunden ist. Im Gegensatz zu der öffentlichen Toilette, welche ein freistehendes Toiletten- häuschen meint, muss eine halb-öffentliche Toilette in eine Institution integriert sein. (Fischer 2009:8)

Durch die Bearbeitung der Frage *wie* und mit *wem* kommuniziert wird, lassen sich am Ende möglicherweise Schlüsse ziehen warum und wozu jugendliche Schüler als Kommunikation- sort die Klozelle wählen. Einer Beantwortung dieser Fragestellungen werde ich mich mit folgenden Unterfragen annähern:

- Was sind Klo-Graffiti im Allgemeinen als kulturelles, soziales und mediales Phänomen?
- Was sind besondere Merkmale einer schriftbasierten Kommunikation Jugendlicher?
- Wie und in welcher Form lassen sich Merkmale einer jugendsprachlichen Kommunikation in Klo-Graffiti feststellen?

METHODISCHES VORGEHEN

Ich gehe demnach davon aus, dass die Schultoilette, ähnlich der Universitätstoilette, ein Ort ist an dem schriftlicher Kommunikation in Form von Klo-Graffiti stattfindet. Aufgrund der Tatsache, dass die Schülertoiletten von den Toiletten der Lehrerschaft getrennt sind, kann ich darüber hinaus davon ausgehen, dass die schriftliche Kommunikation in den Schülertoiletten somit nur von der jugendlichen Schülerschaft vollzogen wird.

Im Fokus meiner Betrachtung werden Toiletten einer weiterführenden Regelschule stehen. Genauer halte ich es für sinnvoll Toiletten einer Gesamtschule zu betrachten, da die Gesamtschule alle weiterführenden Schulformen vereint. Somit liegt die Wahrscheinlichkeit höher, Klo-Graffiti von Schülern aus allen Bildungsschichten mit sehr verschiedenen soziokulturellen Hintergründen vorzufinden. Es erscheint also als möglich, ein umfangreiches Spektrum der schriftlichen Kommunikation unter Schülern in Form von Klo-Graffiti zu betrachten.

Zur Beantwortung meiner Fragestellungen werde ich die Untersuchung mit Hilfe der qualitativen Inhaltsanalyse durchführen. Dabei bilden sämtliche „Mini-Texte“ (vgl. Fischer 2009:9), die aus Schrift, Handzeichnungen, modifizierten Aufklebern oder aus Kombinationen bestehen die Grundgesamtheit.

ARBEITS- UND ZEITPLAN

Für die Fertigstellung meiner Untersuchung und der dazu gehörigen schriftlichen Arbeit plane ich fünf Monate ein.

Recherche	Zwei Wochen
Einarbeitung	Zwei Wochen
Wissenschaftliche Einordnung und Darstellung des Themas	Vier Wochen
Erhebung	Zwei Wochen
Transkription der Daten	Zwei Wochen
Auswertung der Daten	Vier Wochen
Korrekturlesen und Endredaktion	Vier Wochen

VORLÄUFIGE GLIEDERUNG

1. Einleitung

2. Klo-Graffiti

2.1 Definition: Graffiti – was ist das?

3. Jugendsprache

3.1 Was ist Jugendsprache?

3.1.1 Jugendsprache als sondersprachliches Phänomen

3.1.2 Subkulturelle Sprachstile

3.1.3 Soziolinguistische Sprachstile

3.2 Schriftbasierte jugendsprachliche Kommunikation

3.2.1 Merkmale einer schriftbasierten Kommunikation Jugendlicher am Beispiel von Kommunikationsmedien

3.2.1.1 Exemplarisch: Chat-Kommunikation

3.2.2 Schriftliche Kommunikationsformen

4. Inhaltsanalyse: Klo-Graffiti – Kommunikation Jugendlicher?

4.1 Datensammlung: Grundgesamtheit „Mini-Texte"

4.2 Kategorisierungen

4.3 Kodierungen

4.4 Datenanalysen

4.5 Darstellung und Auswertung

5. Schlussfolgerung

6. Literatur

7. Anhang

10.4 Das Exposee schreiben – Schritt für Schritt

Auch ein Exposee lässt sich Schritt für Schritt anfertigen. Es ist sinnvoll, Zeit in die Erstellung des Exposees zu investieren. Zum einen können Sie wichtige Fragen bereits an dieser Stelle klären (bezogen auf eine konsistente Fragestellung, eine klare Zielbeschreibung, den Umgang mit Methoden), zum anderen können Textteile ggf. später für die Einleitung wieder verwendet werden.

Schritt 1: Vorbereitungen
Bevor Sie das Exposee anfertigen, sollten Sie eine Reihe von Fragen bereits geklärt haben: Wann kann bzw. muss ich mich mit dem Text (zur Prüfung) anmelden? Welche Voraussetzungen muss ich dafür erfüllen bzw. bis zur Anmeldung erfüllt haben? Melde ich mich beim Dozenten an? Kann ich selber ein Thema auswählen, bewerbe ich mich für ein Thema oder wird mir ein Thema (ohne Absprache) gestellt? Soll oder muss ich das Exposee vor der Anmeldung einreichen oder erst, nachdem das Thema angemeldet ist? Wie viel Zeit zur Bearbeitung habe ich? Welche Vorgaben gibt es seitens des Prüfungsamtes (bezogen auf Umfang der Arbeit, Zeitvorgaben, Literaturanzahl u.a.), welche Vorgaben gibt es seitens des Dozenten? Wenn Sie die Rahmenbedingungen entsprechend geklärt haben, sollten Sie möglichst frühzeitig zum Dozenten Kontakt aufnehmen. Einzelne Dozenten verlangen, dass ein Seminar bei Ihnen besucht wurde oder die Anmeldung zur Bachelor-/Masterarbeit schon sehr frühzeitig erfolgt. Andere haben in den Semesterferien nur selten Sprechstunden oder sind schlecht über E-Mail zu erreichen. Planen Sie hier lieber mehr als zu wenig Zeit ein.

Schritt 2: Thema, Fragestellung und Zielsetzung
Das wichtigste bei einer längeren Arbeit ist zu klären, was Ihr Thema ist, welche Fragen Sie bei der Bearbeitung leiten und was Sie mit der Arbeit erreichen wollen (Konzept entwickeln, Überblick geben, Methode erproben oder anderes). Häufig überlegen Studierende schon vorher, wie ihr empirisches Design aussehen soll (Fragebogen oder Interview; 500 oder 10 Befragte). Diese Überlegungen sind aber überflüssig, so lange Sie nicht die grundlegenden Fragen geklärt haben. Denn es gibt keine absolut richtige oder falsche Methode, sondern immer nur eine richtige oder falsche Methode für ein entsprechendes Thema, eine Fragestellung oder eine Zielsetzung. Zur Klärung dieser Rahmenüberlegungen bietet es sich an,

sich einen Moment von allen Texten und weiteren Überlegungen zu distanzieren und sich drei Fragen kurz zu beantworten.

- Womit will ich mich beschäftigen? (Thema)
- Was will ich dabei klären? (Fragestellung)
- Warum mache ich das? (Zielsetzung)

Schritt 3: Methodik, Literatur, Hilfsmittel
Entsprechend gerüstet können Sie jetzt Ihr Werkzeug schärfen. Recherchieren Sie, welche Literatur es zu Ihrem Thema schon gibt und wo Sie diese Literatur bekommen. Sie können sich auch in der Bibliothek beim Recherchieren helfen lassen oder vorher einen entsprechenden Kurs besuchen. Tatsächlich gibt es vielfältige Hilfsmittel neben Google und Wikipedia, die einen zum Teil schneller und effektiver ans Ziel bringen (Literaturdatenbanken, thematische und/oder laufende Bibliographien, Handbücher, Wörterbücher). Zum Umgang mit empirischen Methoden gibt es hilfreiche Einführungen, sollte dies in Ihrem Studienfach nicht Lehrstoff sein. In einzelnen Instituten gibt es auch Statistiksprechstunden. Sollten Sie mit Audio- oder Videoaufzeichnungen arbeiten wollen, reservieren Sie frühzeitig die entsprechenden Geräte (im Audiovisuellen Zentrum) und lassen Sie sich immer eine Einführung geben.

Schritt 4: Zeitplanung
Planen Sie nun ausgehend von Ihren Terminen Ihre Zeitplanung zur Erstellung der Arbeit; die Zeitplanung ist häufig relevanter Bestandteil des Exposees. Sie ist in jedem Fall notwendig, um ein größeres Textprojekt zu organisieren. Rechnen Sie rückwärts! Wann müssen Sie mit allem fertig sein und den Text abgegeben haben? Das ist Ihr Zieltag. Denken Sie auch daran, dass der Dozent in der Regel eine gewisse Frist für sein Gutachten hat und die ggf. auch voll ausschöpft. Sie brauchen vor der Abgabe Zeit, um den Text in entsprechender Anzahl zu kopieren und ihn binden zu lassen; rechnen Sie hier besser 1-2 Tage. Der Text muss vorher gründlich Korrektur gelesen werden. Wen könnten Sie dafür ansprechen? Die Person sollten Sie frühzeitig kontaktieren, damit sie sich diese Aufgabe ebenfalls einplanen kann. Der Text muss bis dahin formatiert sein, alle Fußnoten müssen überprüft sein, die bibliographischen Angaben sollten stimmen. Dafür sollten Sie mehrere Tage einplanen (am besten ist, Sie erledigen einige Dinge schon während des Schreibens). Einleitung und Schluss schreiben Sie davor. Da diese Textteile wichtig sind, sollten Sie

dafür genügend Zeit einplanen. Noch davor steht die Überarbeitung des Gesamttextes auf der Grundlage einer Rohversion an. Die Formulierung und Überarbeitung kann kapitelweise erfolgen. Es bietet sich aber manchmal auch an, zunächst alle Textteile fertig zu stellen und anschließend zu überarbeiten. Das gibt Sicherheit und Ihnen Übersicht darüber, was Sie alles getan haben und noch tun müssen. Zudem kann das sehr sorgfältige Überarbeiten an einzelnen Formulierungen auch kontraproduktiv sein, wenn sich Textteile noch grundlegender verändern (weil Kapitel umgestellt werden, gekürzt werden oder wegfallen). Vor der Rohversion bieten sich erste Schreib- und Formulierungstechniken an, wie Brainstorming und Freewriting. Diese sollten Sie zügig erledigen und nicht zu lange aufschieben. Wichtig ist auch, die Lesephase zu Beginn nicht zu lange auszudehnen, sondern bald durch eine Formulierungsphase zu ersetzten oder zumindest zu ergänzen; beispielsweise durch Exzerpte.

Schritt 5: Erstellen und Einreichen des Exposees
Für Ihr Exposee haben Sie nun wichtige Bestandteile schon erfasst bzw. formuliert. Sie haben Themen- und Fragestellung geklärt und die Zielsetzung konkretisiert. Sie haben sich über Methoden und die Literatur informiert und Sie haben Ihren Zeitplan entwickelt. Für das Exposee benötigen Sie nun noch ggf. eine Gliederung, die Ausformulierung der Textteile und einen Termin mit Ihrem Dozenten.

Tipp

>> Reichen Sie das Exposee einige Tage vor dem Termin schriftlich ein, damit der Dozent Zeit hat es zu lesen. Prüfen Sie es vorher auch noch einmal auf Rechtschreibung, Zeichensetzung und Grammatik, damit es bzw. Sie einen entsprechend guten Eindruck hinterlassen.

Verzeichnis verwendeter Quellen

Aus folgenden Quellen wurden Textpassagen oder Inhalte übernommen.

Aczel, Richard (2009): How to Write an Essay. Stuttgart: Klett Lerntraining.

Alemann, Ulrich von (2006): Exposé „Ja, mach nur einen Plan..." In: Koepernik, Claudia/ Moes, Johannes/ Tiefel, Sandra (Hrsg.): GEW-Handbuch Promovieren mit Perspektive. Ein Ratgeber von und für DoktorandInnen. Bielefeld: Bertelsmann, 64-76.

Becker-Mrotzek, Michael/ Kusch, Erhard/ Wehnert, Bernd (2006) (Hrsg.): Leseförderung in der Berufsbildung. Duisburg: Gilles & Francke.

Beyer, Klaus et al. (2006): Schulpraktikum. Einführung in die theoriegeleitete Planung, Durchführung und Reflexion. Baltmansweiler: Schneider Verlag Hohengehren.

Bräuer, Gerd (2000): Schreiben als reflexive Praxis. Tagebuch, Arbeitsjournal, Portfolio. Freiburg: Filibach.

Brunner, Ilse/ Häcker, Thomas/ Winter, Felix (2009) (Hrsg.): Das Handbuch Portfolioarbeit. Konzepte, Anregungen, Erfahrungen aus Schule und Lehrerbildung. Seelze-Velber: Klett Kallmeyer.

Esselborn-Krumbiegel, Helga (2007): Leichter lernen. Strategien für Prüfungen und Examen. Paderborn: Ferdinand Schönigh (2. Auflage).

Frank, Andrea/ Haacke, Stefanie/ Lahm, Swantje (2007): Schlüsselkompetenzen: Schreiben in Studium und Beruf. Stuttgart: Metzler.

Moll, Melanie (2003): „Für mich ist es sehr schwer!" oder: Wie ein Protokoll entsteht. In: Ehlich, Konrad/ Steets, Angelika (Hrsg.): Wissenschaftlich schreiben – lehren und lernen. Berlin: Walter de Gruyter, 29-50.

Moll, Melanie (2001): das wissenschaftliche Protokoll – Vom Seminardiskurs zur Textart: empirische Rekonstruktionen und Erfordernisse für die Praxis. München: Iudicium Verlag.

Moll, Melanie (2001): „Protokollieren statt stenografieren" – Das Protokoll als zusammenfassende Verschriftlichung einer Seminarveranstaltung. In: Redder, Angelika (Hrsg.): „Effektiv studieren" Texte und Diskurse in der Universität. Duisburg: Osnabrücker Beiträge zur Sprachtheorie, 85-103.

Moll, Melanie (2001): „Exzerpieren statt fotokopieren" – das Exzerpt als zusammenfassende Verschriftlichung eines wissenschaftlichen Textes. In: Redder, Angelika (Hrsg.): „Effektiv studieren" Texte und Diskurse in der Universität. Duisburg: Osnabrücker Beiträge zur Sprachtheorie, 104-126.

Schwarz, Johanna/ Volkwein, Karin/ Winter, Felix (2008) (Hrsg.): Portfolio im Unterricht. 13 Unterrichtseinheiten mit Portfolio. Seelze-Velber: Klett Kallmeyer.
Stadter, Andrea (2003): Der Essay als Ziel und Instrument geisteswissenschaftlicher Schreibdidaktik. Überlegungen zur Erweiterung des universitären Textsortenkanons. In: Ehlich, Konrad/ Steets, Angelika (Hrsg.): Wissenschaftlich schreiben – lehren und lernen. Berlin: Walter de Gruyter, 65-92.
Steets, Angelika (2003): Die Mitschrift als universitäre Textart – Schwieriger als gedacht, wichtiger als vermutet. In: Ehlich, Konrad/ Steets, Angelika (Hrsg.): Wissenschaftlich schreiben – lehren und lernen. Berlin: Walter de Gruyter, 51-64.
Wimmers, Hanna (2010): Das Exzerpt – Textsorte und Textmuster in Wissenschaft, Studienalltag und Ratgebern. Staatsexamensarbeit an der Universität zu Köln.
Ziebell, Barbara (2002): Unterrichtsbeobachtung und Lehrerverhaltung. München: Langenscheidt.

Zum Weiterlesen

Die folgenden Titel geben weitere Hinweise zu den beschriebenen Textsorten, gehen zusätzlich aber auch auf Fragen der Organisation und Motivation beim akademischen Schreiben ein.

Esselborn-Krumbiegel, Helga (2007): leichter Lernen. Strategien für Prüfungen und Examen. Paderborn: Schnönigh (2. Auflage)
Esselborn-Krumbiegel, Helga (2010): Richtig wissenschaftlich schreiben. Wissenschaftssprache in Regeln und Übungen. Paderborn: Ferndinand Schönigh
Frank, Andrea/ Haacke, Stefanie/ Lahm, Swantje (2007): Schlüsselkompetenzen: Schreiben in Studium und Beruf. Stuttgart: Metzler
Kruse, Otto (2007): Keine Angst vorm leeren Blatt. Ohne Schreibblockaden durchs Studium. Frankfurt a. Main: Campus
Kruse, Otto (2010): Lesen und Schreiben. Der richtige Umgang mit Texten im Studium. Konstanz: UVK Verlagsgesellschaft
Püschel, Edith (2010): Selbstmanagement und Zeitplanung. Paderborn: Ferdinand Schönigh

Register